I0036010

投考公務員職位

– 基本法部份

Civil Service Job Applications

– Basic Law

福克斯商業學院出版
Published by Fox College of Business

書名： 投考公務員職位–基本法部份
Civil Service Job Applications
– Basic Law

作者： 羅建文 Bryan K Law LL.D.

2016 年 8 月初版

版權所有、翻印必究。

© 本書保留所有權利。

未經作者的書面許可，本書之任何部分均不可以任何形式，任何手段，翻印、修訂或以電子、機械、圖片翻作等方式發行。

《投考公務員職位–基本法》
Civil Service Job Applications – Basic Law

國際標準書號(ISBN)：
978-0-9881217-5-1

本書所載有關法例的版權聲明

一、 香港特別行政區政府享有本書所載
有關法例的文本、法例的文本在律政
司雙語法例資料系統內的版面編
排、以及於該系統內刊載的法例的排
印編排的版權；

二、 本書所載的轉載條文，是根據香港特
別行政區政府給予的特許從該系統
複製或轉載的，而凡香港特別行政區
政府無權限為任何第三方的權利給
予特許，上述特許即不適用於該項權
利；

三、 本書所載的轉載條文是否準確或適
時更新，香港特別行政區政府概不負
責；

四、 本書所載的轉載條文反映 2016 年 8
月 10 日前的法例狀況；

五、 法例的中英文版本可直接於香港特
別行政區律政司雙語法例資料系統
網站(網址：www.legislation.gov.hk)
免費閱覽；及

六、 建議讀者參閱由香港特別行政區政
府律政司維持供參考之用的雙語法
例資料系統網站中的法例，並參閱載

於香港法例活頁版及香港特別行政區政府《憲報》中的法例官方文本。

免責聲明

本書所提供的任何資料，只屬於學習參考之用。

本書的出版社和作者並不參與提供法律專業服務，本書的任何內容亦非法律意見，讀者或任何人士如有任何法律問題，應諮詢法律專業人士。作者及出版社不會就本書的內容或使用作出任何形式的陳述或保證，特別是不會就本書作出任何特殊用途的保證(不論明確性或暗示性)或實用性負上任何責任。

本書的出版社和作者認為本書所載的資料，其來源是可靠的，但我們不能保證其準確性或完整性、或是最新的資料。本書的出版社、作者和每一個參與創作這本書的人，不對本書內容的準確性，完整性和更新性作任何承擔或保證。作者及出版社有權隨時就本書作出更改或修訂，不另行通知。

序

《基本法》是一國兩制的基石，它確保資本主義制度在香港維持五十年不變，內地所施行的社會主義制度不會伸延到香港，而香港可以維持高度自治。

香港人應該對基本法並不陌生，但多數人只是聽過"基本法"這個名而已，並不理會它的內容和意思。社會上鬧得沸沸揚揚的事情，其實早在《基本法》內有所訂明。

例如《基本法》第一條便開宗明義的說：

"香港特別行政區是中華人民共和國不可分離的部分。"

另外《基本法》第一百零四條則規定：

"香港特別行政區行政長官、主要官員、行政會議成員、立法會議員、各級法院法官和其他司法人員在就職時必須依法宣誓擁護中華人民共和國香港特別行政區基本法，效忠中華人民共和國香港特別行政區。"

不知不覺,《基本法》已經在香港實施了接近二十年, 作為香港人, 應該對《基本法》有多一點的認識, 作為公務員職位的應徵者, 你更應把它熟讀。

希望透過這本書, 能令普羅大眾, 尤其是準備投考公務員職位的你, 對《基本法》有更深的認識。

目錄

基本法簡介

香港在回歸中國後，能維持其資本主義制度和生活方式五十年不變，全以《基本法》的規定為依據，而香港政府的施政，亦是跟隨《基本法》的條文指引。

作為公務員，對《基本法》應該有一定的認識，所以香港政府在招募公務員時，亦會測試應徵公務員職位人士的《基本法》知識，就算作為普通香港市民，都應該對《基本法》有多一點認知。

基本法的立法背景

十九世紀的中國國力薄弱,西方列強入侵,大英帝國更將鴉片堂而皇之的販運到中國去。當時的中國皇帝命令欽差大臣林則徐到廣東收繳鴉片，並於虎門銷毀鴉片，因而引發戰爭，是為鴉片戰爭。結果中國戰敗，於 1842 年被迫簽下《南京條約》，將原本屬於中國的香港割讓給英國政府管轄。

基於《南京條約》是一條不平等的條約，英國政府終於在 1984 年和中國政府簽署了《中華人民共和國政府和大不列顛及北愛爾蘭聯合王國政府關於香港問題的中英聯合聲明》(簡稱《聯合聲明》)，同意於 1997 年將香港歸還中國。

雙方並同意確立香港為中華人民共和國的特別行政區，並會按照『一國兩制』的方針，保證主權移交前在香港實行的資本主義制度和生活方式會在主權移交後維持『五十年不變』。而有關的保證和方針，都由《中華人民共和國香港特別行政區基本法》(簡稱《基本法》)內訂明。

全國人民代表大會常務委員會於 1985 年議決成立香港基本法起草委員會，並通過香港基本法起草委員會成員名單，而香港基本法起草委員會於同年 7 月 1 日正式成立，開始起草工作，負責在香港徵詢公眾對《基本法》草案的意見。

經歷四年多的起草工作，基本法起草委員會於 1990 年 2 月完成草擬，同年 4 月，全國人民代表大會第三次會議正式通過《香港特別行政區基本法》，由時任中國國家主席楊尚昆簽署主席令，正式頒佈《中華人民共和國香港特別行政區基本法》，而基本法亦於 1997 年 7 月 1 日香港正式回歸中國那天正式生效。

基本法的重要條文

《基本法》總共有九個章節，共一百六十條條文，再加三個附件，其中第一章的是基本法的總則，訂明『一國兩制』和『五十年不變』的方針，其餘章節則分別訂明中央和香港特別行政區的關係、居民的基本權利和義務、政治體制、經濟、勞工和社會服務、對外事務、基本法的解釋和修改等。

以下部份的基本法條文是經過編輯的撮要，方便記憶和理解，詳細原文請參考下一章的<u>基本法原文</u>。

<u>總則</u>

第 1 條： 香港是中國不可分離的部分。

第 2 條： 香港實行高度自治，享有行政管理權、立法權、獨立的司法權和終審權。

第 3 條： 香港的行政機關和立法機關由

香港永久性居民組成。

第 4 條： 香港依法保障香港居民和其他
人的權利和自由。

第 5 條： 香港保持原有的資本主義制度
和生活方式，五十年不變。

第 6 條： 香港依法保護私有財產權。

第 7 條： 香港的土地和自然資源屬於國
家所有，但收入歸香港政府。

第 8 條： 香港原有法律，除同基本法相抵
觸或經香港的立法機關作出修
改者外，予以保留。

第 9 條： 英文在香港的行政機關、立法機
關和司法機關也是正式語文。

第 10 條： 香港除懸掛中國國旗和國徽
外，還可使用香港區旗和區徽。

第 11 條： 香港立法機關制定的任何法
律，均不得同基本法相抵觸。

中央和香港特別行政區的關係

第 12 條： 香港是中國的直轄市。

第 13 條： 中央負責香港的外交事務。

第 14 條： 中央負責香港的國防事務。

第 17 條： 香港享有立法權。

第 23 條： 香港應自行立法禁止任何叛國、分裂國家的行為。

居民的基本權利和義務

第 25 條： 香港居民在法律面前一律平等。

第 26 條： 香港永久性居民依法享有選舉權和被選舉權。

第 27 條： 香港居民享有言論、新聞、結社、集會、遊行、示威、工會、罷工的權利和自由。

第 28 條： 香港居民的人身自由不受侵犯。

第 32 條： 香港居民有信仰的自由。

政治體制

第 44 條： 行政長官由年滿四十周歲，在香港通常居住連續滿二十年並在外國無居留權的永久性居民中的中國公民擔任。

第 45 條： 行政長官在當地通過選舉或協商產生，由中央任命。

第 46 條： 行政長官任期五年，可連任一次。

第 63 條： 香港律政司主管刑事檢察工作，不受任何干涉。

第 71 條： 香港立法會主席由立法會議員互選產生。

第 75 條： 立法會舉行會議的法定人數為不少於全體議員的二分之一。

第 76 條： 立法會通過的法案，須經行政長官簽署、公布，方能生效。

第 77 條： 立法會議員在立法會的會議上發言，不受法律追究。

第 78 條： 立法會議員在出席會議時和赴會途中不受逮捕。

第 82 條： 香港的終審權屬於香港終審法院。

第 86 條： 原在香港實行的陪審制度的原則予以保留。

第 90 條： 香港終審法院和高等法院的首席法官，應由在外國無居留權的香港永久性居民中的中國公民擔任。

第 97 條： 香港可設立非政權性的區域組織(區議會)。

第 100 條： 特區成立前在政府任職的公務員的薪金、津貼、福利和服務條件不低於原來的標準。

第 104 條： 行政長官、主要官員、行政會議成員、立法會議員、法院法官等必須宣誓擁護基本法，效忠香港。

經濟

第 106 條： 香港保持財政獨立。

第 108 條： 香港實行獨立的稅收制度。

第 111 條： 港元為香港法定貨幣。

教育、科學、文化、體育、宗教、勞工和社會服務

第 136 條： 社會團體和私人可依法在香港興辦各種教育事業。

第 149 條： 香港的教育、科學、技術、文化、藝術、體育、專業、醫療衛生、勞工、社會福利、社會工作等方面的團體可冠用"中國香港"的名義，參與有關的國際活動。

對外事務

第 152 條： 香港可以"中國香港"的名義參加不以國家為單位參加的

國際組織和國際會議。

基本法的解釋和修改

第 158 條： 基本法的解釋權屬於全國人
民代表大會常務委員會。

第 159 條： 基本法的修改權屬於全國人
民代表大會。

附件

附件一： 香港行政長官的產生辦法

附件二： 香港立法會的產生辦法和表決
程序

附件三： 在香港實施的全國性法律

基本法原文

第一章：總則

第一條： 香港特別行政區是中華人民共和國不可分離的部分。

第二條： 全國人民代表大會授權香港特別行政區依照本法的規定實行高度自治，享有行政管理權、立法權、獨立的司法權和終審權。

第三條： 香港特別行政區的行政機關和立法機關由香港永久性居民依照本法有關規定組成。

第四條： 香港特別行政區依法保障香港特別行政區居民和其他人的權利和自由。

第五條： 香港特別行政區不實行社會主義制度和政策，保持原有的資本主義制度和生活方式，五十年不變。

第六條： 香港特別行政區依法保護私有財

產權。

第七條：香港特別行政區境內的土地和自然資源屬於國家所有，由香港特別行政區政府負責管理、使用、開發、出租或批給個人、法人或團體使用或開發，其收入全歸香港特別行政區政府支配。

第八條：香港原有法律，即普通法、衡平法、條例、附屬立法和習慣法，除同本法相抵觸或經香港特別行政區的立法機關作出修改者外，予以保留。

第九條：香港特別行政區的行政機關、立法機關和司法機關，除使用中文外，還可使用英文，英文也是正式語文。

第十條：香港特別行政區除懸掛中華人民共和國國旗和國徽外，還可使用香港特別行政區區旗和區徽。

香港特別行政區的區旗是五星花蕊的紫荊花紅旗。

香港特別行政區的區徽，中間是五星花蕊的紫荊花，周圍寫有"中華人民共和國香港特別行政區"和英文"香港"。

第十一條：根據中華人民共和國憲法第三十一條，香港特別行政區的制度和政策，包括社會、經濟制度，有關保障居民的基本權利和自由的制度，行政管理、立法和司法方面的制度，以及有關政策，均以本法的規定為依據。

香港特別行政區立法機關制定的任何法律，均不得同本法相抵觸。

第二章：中央和香港特別行政區的關係

第十二條：香港特別行政區是中華人民共和國的一個享有高度自治權的地方行政區域，直轄於中央人民政府。

第十三條：中央人民政府負責管理與香港特別行政區有關的外交事務。

中華人民共和國外交部在香港設立機構處理外交事務。

中央人民政府授權香港特別行政區依照本法自行處理有關的對外事務。

第十四條： 中央人民政府負責管理香港特別行政區的防務。

香港特別行政區政府負責維持香港特別行政區的社會治安。

中央人民政府派駐香港特別行政區負責防務的軍隊不干預香港特別行政區的地方事務。香港特別行政區政府在必要時，可向中央人民政府請求駐軍協助維持社會治安和救助災害。

駐軍人員除須遵守全國性的法律外，還須遵守香港特別行政區的法律。駐軍費用由中央人民政府負擔。

第十五條： 中央人民政府依照本法第四章的規定任命香港特別行政區行政長官和行政機關的主要官員。

第十六條： 香港特別行政區享有行政管理權，依照本法的有關規定自行處理香港特別行政區的行政事務。

第十七條： 香港特別行政區享有立法權。

香港特別行政區的立法機關制定的法律須

報全國人民代表大會常務委員會備案。備案不影響該法律的生效。

全國人民代表大會常務委員會在徵詢其所屬的香港特別行政區基本法委員會後，如認為香港特別行政區立法機關制定的任何法律不符合本法關於中央管理的事務及中央和香港特別行政區的關係的條款，可將有關法律發回，但不作修改。經全國人民代表大會常務委員會發回的法律立即失效。該法律的失效，除香港特別行政區的法律另有規定外，無溯及力。

第十八條：在香港特別行政區實行的法律為本法以及本法第八條規定的香港原有法律和香港特別行政區立法機關制定的法律。

全國性法律除列於本法附件三者外，不在香港特別行政區實施。凡列於本法附件三之法律，由香港特別行政區在當地公布或立法實施。

全國人民代表大會常務委員會在徵詢其所屬的香港特別行政區基本法委員會和香港特別行政區政府的意見後，可對列於本法附件三的法律作出增減，任何列入附件三的法律，限於有關國防、外交和其他按本法規定不屬於香港特別行政區自治範圍的法律。

全國人民代表大會常務委員會決定宣布戰爭狀態或因香港特別行政區內發生香港特別行政區政府不能控制的危及國家統一或安全的動亂而決定香港特別行政區進入緊急狀態，中央人民政府可發布命令將有關全國性法律在香港特別行政區實施。

第十九條：香港特別行政區享有獨立的司法權和終審權。

香港特別行政區法院除繼續保持香港原有法律制度和原則對法院審判權所作的限制外，對香港特別行政區所有的案件均有審判權。

香港特別行政區法院對國防、外交等國家行為無管轄權。香港特別行政區法院在審理案件中遇有涉及國防、外交等國家行為的事實問題，應取得行政長官就該等問題發出的證明文件，上述文件對法院有約束力。行政長官在發出證明文件前，須取得中央人民政府的證明書。

第二十條：香港特別行政區可享有全國人

民代表大會和全國人民代表大會常務委員
會及中央人民政府授予的其他權力。

第二十一條：香港特別行政區居民中的中
國公民依法參與國家事務的管理。

根據全國人民代表大會確定的名額和代表
產生辦法，由香港特別行政區居民中的中
國公民在香港選出香港特別行政區的全國
人民代表大會代表，參加最高國家權力機
關的工作。

第二十二條：中央人民政府所屬各部門、
各省、自治區、直轄市均不得干預香港特
別行政區根據本法自行管理的事務。

中央各部門、各省、自治區、直轄市如需
在香港特別行政區設立機構，須徵得香港
特別行政區政府同意並經中央人民政府批
准。

中央各部門、各省、自治區、直轄市在香
港特別行政區設立的一切機構及其人員均
須遵守香港特別行政區的法律。

中國其他地區的人進入香港特別行政區須
辦理批准手續，其中進入香港特別行政區

定居的人數由中央人民政府主管部門徵求香港特別行政區政府的意見後確定[1]。

香港特別行政區可在北京設立辦事機構。

第二十三條：香港特別行政區應自行立法禁止任何叛國、分裂國家、煽動叛亂、顛覆中央人民政府及竊取國家機密的行為，禁止外國的政治性組織或團體在香港特別行政區進行政治活動，禁止香港特別行政區的政治性組織或團體與外國的政治性組織或團體建立聯繫。

第三章：居民的基本權利和義務

第二十四條：香港特別行政區居民，簡稱香港居民，包括永久性居民和非永久性居民。

---

[1] 參閱《全國人民代表大會常務委員會關於〈中華人民共和國香港特別行政區基本法〉第二十二條第四款和第二十四條第二款第(三)項的解釋》(1999 年 6 月 26 日第九屆全國人民代表大會常務委員會第十次會議通過)(見文件十七)

香港特別行政區永久性居民為：

(一) 在香港特別行政區成立以前或以後在
　　香港出生的中國公民；

(二) 在香港特別行政區成立以前或以後在
　　香港通常居住連續七年以上的中國公
　　民；

(三) 第(一)、(二)兩項所列居民在香港以外
　　所生的中國籍子女[2]；

(四) 在香港特別行政區成立以前或以後持
　　有效旅行證件進入香港、在香港通常
　　居住連續七年以上並以香港為永久居
　　住地的非中國籍的人；

(五) 在香港特別行政區成立以前或以後第
　　(四)項所列居民在香港所生的未滿二
　　十一周歲的子女；

---

[2] 參閱《全國人民代表大會常務委員會關於〈中
　華人民共和國香港特別行政區基本法〉第二十
　二條第四款和第二十四條第二款第(三)項的解
　釋》(1999年6月26日第九屆全國人民代表大
　會常務委員會第十次會議通過)(見文件十七)

(六) 第(一)至(五)項所列居民以外在香港
特別行政區成立以前只在香港有居留
權的人。以上居民在香港特別行政區
享有居留權和有資格依照香港特別行
政區法律取得載明其居留權的永久性
居民身份證。香港特別行政區非永久
性居民為：有資格依照香港特別行政
區法律取得香港居民身份證，但沒有
居留權的人。

第二十五條：香港居民在法律面前一律平
等。

第二十六條：香港特別行政區永久性居民
依法享有選舉權和被選舉權。

第二十七條：香港居民享有言論、新聞、
出版的自由，結社、集會、遊行、示威的
自由，組織和參加工會、罷工的權利和自
由。

第二十八條：香港居民的人身自由不受侵
犯。

香港居民不受任意或非法逮捕、拘留、監
禁。禁止任意或非法搜查居民的身體、剝
奪或限制居民的人身自由。禁止對居民施

行酷刑、任意或非法剝奪居民的生命。

第二十九條：香港居民的住宅和其他房屋不受侵犯。禁止任意或非法搜查、侵入居民的住宅和其他房屋。

第三十條：香港居民的通訊自由和通訊秘密受法律的保護。除因公共安全和追查刑事犯罪的需要，由有關機關依照法律程序對通訊進行檢查外，任何部門或個人不得以任何理由侵犯居民的通訊自由和通訊秘密。

第三十一條：香港居民有在香港特別行政區境內遷徙的自由，有移居其他國家和地區的自由。香港居民有旅行和出入境的自由。有效旅行證件的持有人，除非受到法律制止，可自由離開香港特別行政區，無需特別批准。

第三十二條：香港居民有信仰的自由。香港居民有宗教信仰的自由，有公開傳教和舉行、參加宗教活動的自由。

第三十三條：香港居民有選擇職業的自由。

第三十四條：香港居民有進行學術研究、文學藝術創作和其他文化活動的自由。

第三十五條：香港居民有權得到秘密法律諮詢、向法院提起訴訟、選擇律師及時保護自己的合法權益或在法庭上為其代理和獲得司法補救。

香港居民有權對行政部門和行政人員的行為向法院提起訴訟。

第三十六條：香港居民有依法享受社會福利的權利。勞工的福利待遇和退休保障受法律保護。

第三十七條：香港居民的婚姻自由和自願生育的權利受法律保護。

第三十八條：香港居民享有香港特別行政區法律保障的其他權利和自由。

第三十九條：《公民權利和政治權利國際公約》、《經濟、社會與文化權利的國際公約》和國際勞工公約適用於香港的有關規定繼續有效，通過香港特別行政區的法律予以實施。

香港居民享有的權利和自由，除依法規定外不得限制，此種限制不得與本條第一款規定抵觸。

第四十條："新界"原居民的合法傳統權益受香港特別行政區的保護。

第四十一條：在香港特別行政區境內的香港居民以外的其他人，依法享有本章規定的香港居民的權利和自由。

第四十二條：香港居民和在香港的其他人有遵守香港特別行政區實行的法律的義務。

第四章：政治體制

第一節：行政長官

第四十三條：香港特別行政區行政長官是香港特別行政區的首長，代表香港特別行政區。香港特別行政區行政長官依照本法的規定對中央人民政府和香港特別行政區負責。

第四十四條：香港特別行政區行政長官由

年滿四十周歲，在香港通常居住連續滿二十年並在外國無居留權的香港特別行政區永久性居民中的中國公民擔任。

第四十五條：香港特別行政區行政長官在當地通過選舉或協商產生，由中央人民政府任命。

行政長官的產生辦法根據香港特別行政區的實際情況和循序漸進的原則而規定，最終達至由一個有廣泛代表性的提名委員會按民主程序提名後普選產生的目標。

行政長官產生的具體辦法由附件一《香港特別行政區行政長官的產生辦法》規定。

第四十六條：香港特別行政區行政長官任期五年，可連任一次。

第四十七條：香港特別行政區行政長官必須廉潔奉公、盡忠職守。

行政長官就任時應向香港特別行政區終審法院首席法官申報財產，記錄在案。

第四十八條：香港特別行政區行政長官行使下列職權：

(一) 領導香港特別行政區政府；

(二) 負責執行本法和依照本法適用於香港特別行政區的其他法律；

(三) 簽署立法會通過的法案，公布法律；簽署立法會通過的財政預算案，將財政預算、決算報中央人民政府備案；

(四) 決定政府政策和發布行政命令；

(五) 提名並報請中央人民政府任命下列主要官員：各司司長、副司長，各局局長，廉政專員，審計署署長，警務處處長，入境事務處處長，海關關長；建議中央人民政府免除上述官員職務；

(六) 依照法定程序任免各級法院法官；

(七) 依照法定程序任免公職人員；

(八) 執行中央人民政府就本法規定的有關事務發出的指令；

(九) 代表香港特別行政區政府處理中央授權的對外事務和其他事務；

(十) 批准向立法會提出有關財政收入或支出的動議；

(十一) 根據安全和重大公共利益的考慮，決定政府官員或其他負責政府公務的人員是否向立法會或其屬下的委員會作證和提供證據；

(十二) 赦免或減輕刑事罪犯的刑罰；

(十三) 處理請願、申訴事項。

第四十九條：香港特別行政區行政長官如認為立法會通過的法案不符合香港特別行政區的整體利益，可在三個月內將法案發回立法會重議，立法會如以不少於全體議員三分之二多數再次通過原案，行政長官必須在一個月內簽署公布或按本法第五十條的規定處理。

第五十條：香港特別行政區行政長官如拒絕簽署立法會再次通過的法案或立法會拒絕通過政府提出的財政預算案或其他重要法案，經協商仍不能取得一致意見，行政長官可解散立法會。

行政長官在解散立法會前，須徵詢行政會議的意見。行政長官在其一任任期內只能解散立法會一次。

第五十一條：香港特別行政區立法會如拒絕批准政府提出的財政預算案，行政長官可向立法會申請臨時撥款。如果由於立法會已被解散而不能批准撥款，行政長官可在選出新的立法會前的一段時期內，按上一財政年度的開支標準，批准臨時短期撥款。

第五十二條：香港特別行政區行政長官如有下列情況之一者必須辭職：

(一) 因嚴重疾病或其他原因無力履行職
務；

(二) 因兩次拒絕簽署立法會通過的法案而
解散立法會，重選的立法會仍以全體
議員三分之二多數通過所爭議的原
案，而行政長官仍拒絕簽署；

(三) 因立法會拒絕通過財政預算案或其他
重要法案而解散立法會，重選的立法
會繼續拒絕通過所爭議的原案。

第五十三條：香港特別行政區行政長官短
期不能履行職務時，由政務司長、財政司
長、律政司長依次臨時代理其職務。

行政長官缺位時，應在六個月內依本法第
四十五條的規定產生新的行政長官。行政
長官缺位期間的職務代理，依照上款規定
辦理[3]。

第五十四條：香港特別行政區行政會議是
協助行政長官決策的機構。

---

[3] 參閱《全國人民代表大會常務委員會關於〈中
華人民共和國香港特別行政區基本法〉第五十
三條第二款的解釋》(2005 年 4 月 27 日第十屆
全國人民代表大會常務委員會第十五次會議
通過)(見文件二十)

第五十五條：香港特別行政區行政會議的成員由行政長官從行政機關的主要官員、立法會議員和社會人士中委任，其任免由行政長官決定。行政會議成員的任期應不超過委任他的行政長官的任期。

香港特別行政區行政會議成員由在外國無居留權的香港特別行政區永久性居民中的中國公民擔任。

行政長官認為必要時可邀請有關人士列席會議。

第五十六條：香港特別行政區行政會議由行政長官主持。

行政長官在作出重要決策、向立法會提交法案、制定附屬法規和解散立法會前，須徵詢行政會議的意見，但人事任免、紀律制裁和緊急情況下採取的措施除外。

行政長官如不採納行政會議多數成員的意見，應將具體理由記錄在案。

第五十七條：香港特別行政區設立廉政公署，獨立工作，對行政長官負責。

第五十八條：香港特別行政區設立審計署，獨立工作，對行政長官負責。

第二節：行政機關

第五十九條：香港特別行政區政府是香港特別行政區行政機關。

第六十條：香港特別行政區政府的首長是香港特別行政區行政長官。香港特別行政區政府設政務司、財政司、律政司和各局、處、署。

第六十一條：香港特別行政區的主要官員由在香港通常居住連續滿十五年並在外國無居留權的香港特別行政區永久性居民中的中國公民擔任。

第六十二條：香港特別行政區政府行使下列職權：

(一) 制定並執行政策；
(二) 管理各項行政事務；
(三) 辦理本法規定的中央人民政府授權的對外事務；
(四) 編制並提出財政預算、決算；
(五) 擬定並提出法案、議案、附屬法規；

(六) 委派官員列席立法會並代表政府發
言。

第六十三條： 香港特別行政區律政司主管
刑事檢察工作，不受任何干涉。

第六十四條： 香港特別行政區政府必須遵
守法律，對香港特別行政區立法會負責：
執行立法會通過並已生效的法律；定期向
立法會作施政報告；答覆立法會議員的質
詢；徵稅和公共開支須經立法會批准。

第六十五條： 原由行政機關設立諮詢組織
的制度繼續保留。

第三節：立法機關

第六十六條： 香港特別行政區立法會是香
港特別行政區的立法機關。

第六十七條： 香港特別行政區立法會由在
外國無居留權的香港特別行政區永久性居
民中的中國公民組成。但非中國籍的香港
特別行政區永久性居民和在外國有居留權
的香港特別行政區永久性居民也可以當選
為香港特別行政區立法會議員，其所佔比

例不得超過立法會全體議員的百分之二十。

第六十八條：香港特別行政區立法會由選舉產生。立法會的產生辦法根據香港特別行政區的實際情況和循序漸進的原則而規定，最終達至全部議員由普選產生的目標。立法會產生的具體辦法和法案、議案的表決程序由附件二《香港特別行政區立法會的產生辦法和表決程序》規定。

第六十九條：香港特別行政區立法會除第一屆任期為兩年外，每屆任期四年。

第七十條：香港特別行政區立法會如經行政長官依本法規定解散，須於三個月內依本法第六十八條的規定，重行選舉產生。

第七十一條：香港特別行政區立法會主席由立法會議員互選產生。

香港特別行政區立法會主席由年滿四十周歲，在香港通常居住連續滿二十年並在外國無居留權的香港特別行政區永久性居民中的中國公民擔任。

第七十二條：香港特別行政區立法會主席

行使下列職權：

(一) 主持會議；
(二) 決定議程，政府提出的議案須優先列入議程；
(三) 決定開會時間；
(四) 在休會期間可召開特別會議；
(五) 應行政長官的要求召開緊急會議；
(六) 立法會議事規則所規定的其他職權。

第七十三條：香港特別行政區立法會行使下列職權：

(一) 根據本法規定並依照法定程序制定、修改和廢除法律；
(二) 根據政府的提案，審核、通過財政預算；
(三) 批准稅收和公共開支；
(四) 聽取行政長官的施政報告並進行辯論；
(五) 對政府的工作提出質詢；
(六) 就任何有關公共利益問題進行辯論；
(七) 同意終審法院法官和高等法院首席法官的任免；
(八) 接受香港居民申訴並作出處理；
(九) 如立法會全體議員的四分之一聯合動議，指控行政長官有嚴重違法或瀆職行為而不辭職，經立法會通過進行調查，立法會可委托終審法院首席法官負責組成獨立的調查委員會，並擔任主席。調查委員會負責進行調查，並向立法會提出報告。如該調查委員會認為有足夠證據構成上述指控，立法會以全體議員三分之二多數通過，可提出彈劾案，報請中央人民政府決定；

(十) 在行使上述各項職權時，如有需要，可傳召有關人士出席作證和提供證據。

第七十四條：香港特別行政區立法會議員根據本法規定並依照法定程序提出法律草案，凡不涉及公共開支或政治體制或政府運作者，可由立法會議員個別或聯名提出。凡涉及政府政策者，在提出前必須得到行政長官的書面同意。

第七十五條：香港特別行政區立法會舉行會議的法定人數為不少於全體議員的二分之一。立法會議事規則由立法會自行制定，但不得與本法相抵觸。

第七十六條：香港特別行政區立法會通過的法案，須經行政長官簽署、公布，方能生效。

第七十七條：香港特別行政區立法會議員在立法會的會議上發言，不受法律追究。

第七十八條：香港特別行政區立法會議員在出席會議時和赴會途中不受逮捕。

第七十九條：香港特別行政區立法會議員如有下列情況之一，由立法會主席宣告其喪失立法會議員的資格：

(一) 因嚴重疾病或其他情況無力履行職務；
(二) 未得到立法會主席的同意，連續三個月不出席會議而無合理解釋者；
(三) 喪失或放棄香港特別行政區永久性居民的身份；
(四) 接受政府的委任而出任公務人員；
(五) 破產或經法庭裁定償還債務而不履行；
(六) 在香港特別行政區區內或區外被判犯有刑事罪行，判處監禁一個月以上，並經立法會出席會議的議員三分之二通過解除其職務；
(七) 行為不檢或違反誓言而經立法會出席會議的議員三分之二通過譴責。

第四節：司法機關

第八十條：香港特別行政區各級法院是香港特別行政區的司法機關，行使香港特別行政區的審判權。

第八十一條：香港特別行政區設立終審法院、高等法院、區域法院、裁判署法庭和其他專門法庭。高等法院設上訴法庭和原訟法庭。

原在香港實行的司法體制，除因設立香港特別行政區終審法院而產生變化外，予以保留。

第八十二條：香港特別行政區的終審權屬於香港特別行政區終審法院。終審法院可根據需要邀請其他普通法適用地區的法官參加審判。

第八十三條：香港特別行政區各級法院的組織和職權由法律規定。

第八十四條：香港特別行政區法院依照本法第十八條所規定的適用於香港特別行政區的法律審判案件，其他普通法適用地區的司法判例可作參考。

第八十五條：香港特別行政區法院獨立進行審判，不受任何干涉，司法人員履行審判職責的行為不受法律追究。

第八十六條：原在香港實行的陪審制度的

原則予以保留。

第八十七條：香港特別行政區的刑事訴訟和民事訴訟中保留原在香港適用的原則和當事人享有的權利。任何人在被合法拘捕後，享有盡早接受司法機關公正審判的權利，未經司法機關判罪之前均假定無罪。

第八十八條：香港特別行政區法院的法官，根據當地法官和法律界及其他方面知名人士組成的獨立委員會推薦，由行政長官任命。

第八十九條：香港特別行政區法院的法官只有在無力履行職責或行為不檢的情況下，行政長官才可根據終審法院首席法官任命的不少於三名當地法官組成的審議庭的建議，予以免職。

香港特別行政區終審法院的首席法官只有在無力履行職責或行為不檢的情況下，行政長官才可任命不少於五名當地法官組成的審議庭進行審議，並可根據其建議，依照本法規定的程序，予以免職。

第九十條：香港特別行政區終審法院和高等法院的首席法官，應由在外國無居留權

的香港特別行政區永久性居民中的中國公
民擔任。

除本法第八十八條和第八十九條規定的程
序外，香港特別行政區終審法院的法官和
高等法院首席法官的任命或免職，還須由
行政長官徵得立法會同意，並報全國人民
代表大會常務委員會備案。

第九十一條： 香港特別行政區法官以外的
其他司法人員原有的任免制度繼續保持。

第九十二條： 香港特別行政區的法官和其
他司法人員，應根據其本人的司法和專業
才能選用，並可從其他普通法適用地區聘
用。

第九十三條： 香港特別行政區成立前在香
港任職的法官和其他司法人員均可留用，
其年資予以保留，薪金、津貼、福利待遇
和服務條件不低於原來的標準。

對退休或符合規定離職的法官和其他司法
人員，包括香港特別行政區成立前已退休
或離職者，不論其所屬國籍或居住地點，
香港特別行政區政府按不低於原來的標
準，向他們或其家屬支付應得的退休金、

酬金、津貼和福利費。

第九十四條：香港特別行政區政府可參照原在香港實行的辦法，作出有關當地和外來的律師在香港特別行政區工作和執業的規定。

第九十五條：香港特別行政區可與全國其他地區的司法機關通過協商依法進行司法方面的聯繫和相互提供協助。

第九十六條：在中央人民政府協助或授權下，香港特別行政區政府可與外國就司法互助關係作出適當安排。

第五節：區域組織

第九十七條：香港特別行政區可設立非政權性的區域組織，接受香港特別行政區政府就有關地區管理和其他事務的諮詢，或負責提供文化、康樂、環境衛生等服務。

第九十八條：區域組織的職權和組成方法由法律規定。

第六節： 公務人員

第九十九條： 在香港特別行政區政府各部門任職的公務人員必須是香港特別行政區永久性居民。本法第一百零一條對外籍公務人員另有規定者或法律規定某一職級以下者不在此限。

公務人員必須盡忠職守，對香港特別行政區政府負責。

第一百條： 香港特別行政區成立前在香港政府各部門，包括警察部門任職的公務人員均可留用，其年資予以保留，薪金、津貼、福利待遇和服務條件不低於原來的標準。

第一百零一條： 香港特別行政區政府可任用原香港公務人員中的或持有香港特別行政區永久性居民身份證的英籍和其他外籍人士擔任政府部門的各級公務人員，但下列各職級的官員必須由在外國無居留權的香港特別行政區永久性居民中的中國公民擔任：各司司長、副司長，各局局長，廉政專員，審計署署長，警務處處長，入境事務處處長，海關關長。

香港特別行政區政府還可聘請英籍和其他外籍人士擔任政府部門的顧問，必要時並可從香港特別行政區以外聘請合格人員擔任政府部門的專門和技術職務。上述外籍人士只能以個人身份受聘，對香港特別行政區政府負責。

第一百零二條：對退休或符合規定離職的公務人員，包括香港特別行政區成立前退休或符合規定離職的公務人員，不論其所屬國籍或居住地點，香港特別行政區政府按不低於原來的標準向他們或其家屬支付應得的退休金、酬金、津貼和福利費。

第一百零三條：公務人員應根據其本人的資格、經驗和才能予以任用和提升，香港原有關於公務人員的招聘、僱用、考核、紀律、培訓和管理的制度，包括負責公務人員的任用、薪金、服務條件的專門機構，除有關給予外籍人員特權待遇的規定外，予以保留。

第一百零四條：香港特別行政區行政長官、主要官員、行政會議成員、立法會議員、各級法院法官和其他司法人員在就職時必須依法宣誓擁護中華人民共和國香港特別行政區基本法，效忠中華人民共和國香港特別行政區。

第五章： 經濟

第一節：財政、金融、貿易和工商業

第一百零五條：香港特別行政區依法保護私人和法人財產的取得、使用、處置和繼承的權利，以及依法徵用私人和法人財產時被徵用財產的所有人得到補償的權利。

徵用財產的補償應相當於該財產當時的實際價值，可自由兌換，不得無故遲延支付。

企業所有權和外來投資均受法律保護。

第一百零六條：香港特別行政區保持財政獨立。香港特別行政區的財政收入全部用於自身需要，不上繳中央人民政府。中央人民政府不在香港特別行政區徵稅。

第一百零七條：香港特別行政區的財政預算以量入為出為原則，力求收支平衡，避免赤字，並與本地生產總值的增長率相適應。

第一百零八條：香港特別行政區實行獨立的稅收制度。

香港特別行政區參照原在香港實行的低稅政策，自行立法規定稅種、稅率、稅收寬免和其他稅務事項。

第一百零九條：香港特別行政區政府提供適當的經濟和法律環境，以保持香港的國際金融中心地位。

第一百一十條：香港特別行政區的貨幣金融制度由法律規定。

香港特別行政區政府自行制定貨幣金融政策，保障金融企業和金融市場的經營自由，並依法進行管理和監督。

第一百一十一條：港元為香港特別行政區法定貨幣，繼續流通。港幣的發行權屬於香港特別行政區政府。港幣的發行須有百分之百的準備金。港幣的發行制度和準備金制度，由法律規定。

香港特別行政區政府，在確知港幣的發行基礎健全和發行安排符合保持港幣穩定的目的的條件下，可授權指定銀行根據法定權限發行或繼續發行港幣。

第一百一十二條：香港特別行政區不實行

外匯管制政策。港幣自由兌換。繼續開放外匯、黃金、證券、期貨等市場。香港特別行政區政府保障資金的流動和進出自由。

第一百一十三條：香港特別行政區的外匯基金，由香港特別行政區政府管理和支配，主要用於調節港元匯價。

第一百一十四條：香港特別行政區保持自由港地位，除法律另有規定外，不徵收關稅。

第一百一十五條：香港特別行政區實行自由貿易政策，保障貨物、無形財產和資本的流動自由。

第一百一十六條：香港特別行政區為單獨的關稅地區。

香港特別行政區可以"中國香港"的名義參加《關稅和貿易總協定》、關於國際紡織品貿易安排等有關國際組織和國際貿易協定，包括優惠貿易安排。

香港特別行政區所取得的和以前取得仍繼續有效的出口配額、關稅優惠和達成的其他類似安排，全由香港特別行政區享有。

第一百一十七條：香港特別行政區根據當時的產地規則，可對產品簽發產地來源證。

第一百一十八條：香港特別行政區政府提供經濟和法律環境，鼓勵各項投資、技術進步並開發新興產業。

第一百一十九條：香港特別行政區政府制定適當政策，促進和協調製造業、商業、旅遊業、房地產業、運輸業、公用事業、服務性行業、漁農業等各行業的發展，並注意環境保護。

第二節：土地契約

第一百二十條：香港特別行政區成立以前已批出、決定、或續期的超越一九九七年六月三十日年期的所有土地契約和與土地契約有關的一切權利，均按香港特別行政區的法律繼續予以承認和保護。

第一百二十一條：從一九八五年五月二十七日至一九九七年六月三十日期間批出的，或原沒有續期權利而獲得續期的，超出一九九七年六月三十日年期而不超過二〇四七年六月三十日的一切土地契約，承租人從一九九七年七月一日起不補地價，但需每年繳納相當於當日該土地應課差餉租值百分之三的租金。此後，隨應課差餉租值的改變而調整租金。

第一百二十二條：原舊批約地段、鄉村屋地、丁屋地和類似的農村土地，如該土地在一九八四年六月三十日的承租人，或在該日以後批出的丁屋地承租人，其父系為一八九八年在香港的原有鄉村居民，只要該土地的承租人仍為該人或其合法父系繼承人，原定租金維持不變。

第一百二十三條：香港特別行政區成立以後滿期而沒有續期權利的土地契約，由香港特別行政區自行制定法律和政策處理。

第三節：航運

第一百二十四條：香港特別行政區保持原在香港實行的航運經營和管理體制，包括有關海員的管理制度。香港特別行政區政府自行規定在航運方面的具體職能和責任。

第一百二十五條：香港特別行政區經中央

人民政府授權繼續進行船舶登記，並根據香港特別行政區的法律以"中國香港"的名義頒發有關證件。

第一百二十六條： 除外國軍用船隻進入香港特別行政區須經中央人民政府特別許可外，其他船舶可根據香港特別行政區法律進出其港口。

第一百二十七條： 香港特別行政區的私營航運及與航運有關的企業和私營集裝箱碼頭，可繼續自由經營。

第四節：民用航空

第一百二十八條： 香港特別行政區政府應提供條件和採取措施，以保持香港的國際和區域航空中心的地位。

第一百二十九條： 香港特別行政區繼續實行原在香港實行的民用航空管理制度，並按中央人民政府關於飛機國籍標誌和登記標誌的規定，設置自己的飛機登記冊。

外國國家航空器進入香港特別行政區須經中央人民政府特別許可。

第一百三十條：香港特別行政區自行負責民用航空的日常業務和技術管理，包括機場管理，在香港特別行政區飛行情報區內提供空中交通服務，和履行國際民用航空組織的區域性航行規劃程序所規定的其他職責。

第一百三十一條：中央人民政府經同香港特別行政區政府磋商作出安排，為在香港特別行政區註冊並以香港為主要營業地的航空公司和中華人民共和國的其他航空公司，提供香港特別行政區和中華人民共和國其他地區之間的往返航班。

第一百三十二條：凡涉及中華人民共和國其他地區同其他國家和地區的往返並經停香港特別行政區的航班，和涉及香港特別行政區同其他國家和地區的往返並經停中華人民共和國其他地區航班的民用航空運輸協定，由中央人民政府簽訂。

中央人民政府在簽訂本條第一款所指民用航空運輸協定時，應考慮香港特別行政區的特殊情況和經濟利益，並同香港特別行政區政府磋商。

中央人民政府在同外國政府商談有關本條第一款所指航班的安排時，香港特別行政區政府的代表可作為中華人民共和國政府代表團的成員參加。

第一百三十三條：香港特別行政區政府經中央人民政府具體授權可：

(一) 續簽或修改原有的民用航空運輸協定和協議；
(二) 談判簽訂新的民用航空運輸協定，為在香港特別行政區註冊並以香港為主要營業地的航空公司提供航線，以及過境和技術停降權利；
(三) 同沒有簽訂民用航空運輸協定的外國或地區談判簽訂臨時協議。不涉及往返、經停中國內地而只往返、經停香港的定期航班，均由本條所指的民用航空運輸協定或臨時協議予以規定。

第一百三十四條：中央人民政府授權香港特別行政區政府：

(一) 同其他當局商談並簽訂有關執行本法第一百三十三條所指民用航空運輸協定和臨時協議的各項安排；
(二) 對在香港特別行政區註冊並以香港為主要營業地的航空公司簽發執照；
(三) 依照本法第一百三十三條所指民用航空運輸協定和臨時協議指定航空公

司；

(四) 對外國航空公司除往返、經停中國內
地的航班以外的其他航班簽發許可
證。

第一百三十五條：香港特別行政區成立前
在香港註冊並以香港為主要營業地的航空
公司和與民用航空有關的行業，可繼續經
營。

第六章：教育、科學、文化、體育、宗教、勞工和社會服務

第一百三十六條：香港特別行政區政府在
原有教育制度的基礎上，自行制定有關教
育的發展和改進的政策，包括教育體制和
管理、教學語言、經費分配、考試制度、
學位制度和承認學歷等政策。

社會團體和私人可依法在香港特別行政區
興辦各種教育事業。

第一百三十七條：各類院校均可保留其自
主性並享有學術自由，可繼續從香港特別
行政區以外招聘教職員和選用教材。宗教

組織所辦的學校可繼續提供宗教教育，包括開設宗教課程。

學生享有選擇院校和在香港特別行政區以外求學的自由。

第一百三十八條：香港特別行政區政府自行制定發展中西醫藥和促進醫療衞生服務的政策。社會團體和私人可依法提供各種醫療衞生服務。

第一百三十九條：香港特別行政區政府自行制定科學技術政策，以法律保護科學技術的研究成果、專利和發明創造。

香港特別行政區政府自行確定適用於香港的各類科學、技術標準和規格。

第一百四十條：香港特別行政區政府自行制定文化政策，以法律保護作者在文學藝術創作中所獲得的成果和合法權益。

第一百四十一條：香港特別行政區政府不限制宗教信仰自由，不干預宗教組織的內部事務，不限制與香港特別行政區法律沒有抵觸的宗教活動。

宗教組織依法享有財產的取得、使用、處置、繼承以及接受資助的權利。財產方面的原有權益仍予保持和保護。宗教組織可按原有辦法繼續興辦宗教院校、其他學校、醫院和福利機構以及提供其他社會服務。香港特別行政區的宗教組織和教徒可與其他地方的宗教組織和教徒保持和發展關係。

第一百四十二條： 香港特別行政區政府在保留原有的專業制度的基礎上，自行制定有關評審各種專業的執業資格的辦法。在香港特別行政區成立前已取得專業和執業資格者，可依據有關規定和專業守則保留原有的資格。

香港特別行政區政府繼續承認在特別行政區成立前已承認的專業和專業團體，所承認的專業團體可自行審核和頒授專業資格。

香港特別行政區政府可根據社會發展需要並諮詢有關方面的意見，承認新的專業和專業團體。

第一百四十三條： 香港特別行政區政府自行制定體育政策。民間體育團體可依法繼續存在和發展。

第一百四十四條：香港特別行政區政府保持原在香港實行的對教育、醫療衛生、文化、藝術、康樂、體育、社會福利、社會工作等方面的民間團體機構的資助政策。原在香港各資助機構任職的人員均可根據原有制度繼續受聘。

第一百四十五條：香港特別行政區政府在原有社會福利制度的基礎上，根據經濟條件和社會需要，自行制定其發展、改進的政策。

第一百四十六條：香港特別行政區從事社會服務的志願團體在不抵觸法律的情況下可自行決定其服務方式。

第一百四十七條：香港特別行政區自行制定有關勞工的法律和政策。

第一百四十八條：香港特別行政區的教育、科學、技術、文化、藝術、體育、專業、醫療衛生、勞工、社會福利、社會工作等方面的民間團體和宗教組織同內地相應的團體和組織的關係，應以互不隸屬、互不干涉和互相尊重的原則為基礎。

第一百四十九條：香港特別行政區的教

育、科學、技術、文化、藝術、體育、專業、醫療衞生、勞工、社會福利、社會工作等方面的民間團體和宗教組織可同世界各國、各地區及國際的有關團體和組織保持和發展關係，各該團體和組織可根據需要冠用"中國香港"的名義，參與有關活動。

第七章：對外事務

第一百五十條：香港特別行政區政府的代表，可作為中華人民共和國政府代表團的成員，參加由中央人民政府進行的同香港特別行政區直接有關的外交談判。

第一百五十一條：香港特別行政區可在經濟、貿易、金融、航運、通訊、旅遊、文化、體育等領域以"中國香港"的名義，單獨地同世界各國、各地區及有關國際組織保持和發展關係，簽訂和履行有關協議。

第一百五十二條：對以國家為單位參加的、同香港特別行政區有關的、適當領域的國際組織和國際會議，香港特別行政區政府可派遣代表作為中華人民共和國代表團的成員或以中央人民政府和上述有關國際組織或國際會議允許的身份參加，並以

"中國香港"的名義發表意見。

香港特別行政區可以"中國香港"的名義參加不以國家為單位參加的國際組織和國際會議。

對中華人民共和國已參加而香港也以某種形式參加了的國際組織，中央人民政府將採取必要措施使香港特別行政區以適當形式繼續保持在這些組織中的地位。

對中華人民共和國尚未參加而香港已以某種形式參加的國際組織，中央人民政府將根據需要使香港特別行政區以適當形式繼續參加這些組織。

第一百五十三條：中華人民共和國締結的國際協議，中央人民政府可根據香港特別行政區的情況和需要，在徵詢香港特別行政區政府的意見後，決定是否適用於香港特別行政區。

中華人民共和國尚未參加但已適用於香港的國際協議仍可繼續適用，中央人民政府根據需要授權或協助香港特別行政區政府作出適當安排，使其他有關國際協議適用於香港特別行政區。

第一百五十四條：中央人民政府授權香港特別行政區政府依照法律給持有香港特別行政區永久性居民身份證的中國公民簽發中華人民共和國香港特別行政區護照，給在香港特別行政區的其他合法居留者簽發中華人民共和國香港特別行政區的其他旅行證件。上述護照和證件，前往各國和各地區有效，並載明持有人有返回香港特別行政區的權利。

對世界各國或各地區的人入境、逗留和離境，香港特別行政區政府可實行出入境管制。

第一百五十五條：中央人民政府協助或授權香港特別行政區政府與各國或各地區締結互免簽證協議。

第一百五十六條：香港特別行政區可根據需要在外國設立官方或半官方的經濟和貿易機構，報中央人民政府備案。

第一百五十七條：外國在香港特別行政區設立領事機構或其他官方、半官方機構，須經中央人民政府批准。已同中華人民共和國建立正式外交關係的國家在香港設立的領事機構和其他官方機構，可予保留。

尚未同中華人民共和國建立正式外交關係的國家在香港設立的領事機構和其他官方機構，可根據情況允許保留或改為半官方機構。

尚未為中華人民共和國承認的國家，只能在香港特別行政區設立民間機構。

第八章：本法的解釋和修改

第一百五十八條： 本法的解釋權屬於全國人民代表大會常務委員會。

全國人民代表大會常務委員會授權香港特別行政區法院在審理案件時對本法關於香港特別行政區自治範圍內的條款自行解釋。

香港特別行政區法院在審理案件時對本法的其他條款也可解釋。但如香港特別行政區法院在審理案件時需要對本法關於中央人民政府管理的事務或中央和香港特別行政區關係的條款進行解釋，而該條款的解釋又影響到案件的判決，在對該案件作出不可上訴的終局判決前，應由香港特別行政區終審法院請全國人民代表大會常務委員會對有關條款作出解釋。如全國人民代

表大會常務委員會作出解釋，香港特別行
政區法院在引用該條款時，應以全國人民
代表大會常務委員會的解釋為準。但在此
以前作出的判決不受影響。

全國人民代表大會常務委員會在對本法進
行解釋前，徵詢其所屬的香港特別行政區
基本法委員會的意見。

第一百五十九條：本法的修改權屬於全國
人民代表大會。

本法的修改提案權屬於全國人民代表大會
常務委員會、國務院和香港特別行政區。
香港特別行政區的修改議案，須經香港特
別行政區的全國人民代表大會代表三分之
二多數、香港特別行政區立法會全體議員
三分之二多數和香港特別行政區行政長官
同意後，交由香港特別行政區出席全國人
民代表大會的代表團向全國人民代表大會
提出。

本法的修改議案在列入全國人民代表大會
的議程前，先由香港特別行政區基本法委
員會研究並提出意見。

本法的任何修改，均不得同中華人民共和

國對香港既定的基本方針政策相抵觸。

第九章: 附則

第一百六十條: 香港特別行政區成立時，香港原有法律除由全國人民代表大會常務委員會宣布為同本法抵觸者外，採用為香港特別行政區法律，如以後發現有的法律與本法抵觸，可依照本法規定的程序修改或停止生效。

在香港原有法律下有效的文件、證件、契約和權利義務，在不抵觸本法的前提下繼續有效,受香港特別行政區的承認和保護。

附件一：香港特別行政區行政長官的產生辦法[4]

一、 行政長官由一個具有廣泛代表性的選舉委員會根據本法選出，由中央人民政府任命。

二、 選舉委員會委員共 800 人，由下列各界人士組成[5]：

工商、金融界 200 人
專業界 200 人

---

[4] 參閱《全國人民代表大會常務委員會關於香港特別行政區行政長官普選問題和 2016 年立法會產生辦法的決定》(2014 年 8 月 31 日第十二屆全國人民代表大會常務委員會第十次會議通過) (見文件二十三)和參閱《關於〈全國人民代表大會常務委員會關於香港特別行政區行政長官普選問題和 2016 年立法會產生辦法的決定(草案)〉的說明》(2014 年 8 月 27 日在第十二屆全國人民代表大會常務委員會第十次會議上) (見文件二十四)

[5] 參閱《中華人民共和國香港特別行政區基本法附件一香港特別行政區行政長官的產生辦法修正案》(2010 年 8 月 28 日第十一屆全國人民代表大會常務委員會第十六次會議批准) (見文件一及文件二)。

勞工、社會服務、宗教等界 200 人

立法會議員、區域性組織代表、香港地區全國人大代表、香港地區全國政協委員的代表 200 人

選舉委員會每屆任期五年。

三、 各個界別的劃分，以及每個界別中何種組織可以產生選舉委員的名額，由香港特別行政區根據民主、開放的原則制定選舉法加以規定。

各界別法定團體根據選舉法規定的分配名額和選舉辦法自行選出選舉委員會委員。選舉委員以個人身份投票。

四、 不少於一百名的選舉委員可聯合提名行政長官候選人。每名委員只可提出一名候選人[6]。

五、 選舉委員會根據提名的名單，經一人

---

[6] 參閱《中華人民共和國香港特別行政區基本法附件一香港特別行政區行政長官的產生辦法修正案》(2010 年 8 月 28 日第十一屆全國人民代表大會常務委員會第十六次會議批准) (見文件一及文件二)。

一票無記名投票選出行政長官候任人。具體選舉辦法由選舉法規定。

六、 第一任行政長官按照《全國人民代表大會關於香港特別行政區第一屆政府和立法會產生辦法的決定》產生。

七、 二零零七年以後各任行政長官的產生辦法如需修改，須經立法會全體議員三分之二多數通過，行政長官同意，並報全國人民代表大會常務委員會批准[7]。

文件一

全國人民代表大會常務委員會關於批准《中華人民共和國香港特別行政區基本法附件一香港特別行政區行政長官的產生辦法修正案》的決定(2010 年 8 月 28 日第十一屆全國人民代表大會常務委員會第十六次會議通過)

---

[7] 參閱《全國人民代表大會常務委員會關於〈中華人民共和國香港特別行政區基本法〉附件一第七條和附件二第三條的解釋》(2004 年 4 月 6 日第十屆全國人民代表大會常務委員會第八次會議通過)(見文件十八)。

第十一屆全國人民代表大會常務委員會第十六次會議決定：

根據《中華人民共和國香港特別行政區基本法》附件一、《全國人民代表大會常務委員會關於〈中華人民共和國香港特別行政區基本法〉附件一第七條和附件二第三條的解釋》和《全國人民代表大會常務委員會關於香港特別行政區 2012 年行政長官和立法會產生辦法及有關普選問題的決定》，批准香港特別行政區提出的《中華人民共和國香港特別行政區基本法附件一香港特別行政區行政長官的產生辦法修正案》。

《中華人民共和國香港特別行政區基本法附件一香港特別行政區行政長官的產生辦法修正案》自批准之日起生效。

文件二

中華人民共和國香港特別行政區基本法附件一香港特別行政區行政長官的產生辦法修正案(2010 年 8 月 28 日第十一屆全國人民代表大會常務委員會第十六次會議批准)

一、 二〇一二年選舉第四任行政長官人
選的選舉委員會共 1200 人，由下列
各界人士組成：

工商、金融界 300 人
專業界 300 人
勞工、社會服務、宗教等界 300 人
立法會議員、區議會議員的代表、鄉議局
的代表、香港特別行政區全國人大代表、
香港特別行政區全國政協委員代表 300 人

選舉委員會每屆任期五年。

二、 不少於一百五十名的選舉委員可聯合
提名行政長官候選人。每名委員只可
提出一名候選人。

附件二：香港特別行政區立法 會的產生辦法和表 決程序[8]

一、 立法會的產生辦法

(一) 香港特別行政區立法會議員每屆 60 人，第一屆立法會按照《全國人民代 表大會關於香港特別行政區第一屆 政府和立法會產生辦法的決定》產 生。第二屆、第三屆立法會的組成如 下[9]：

---

[8] 請參閱《全國人民代表大會常務委員會關於香 港特別行政區行政長官普選問題和 2016 年立 法會產生辦法的決定》(2014 年 8 月 31 日第十 二屆全國人民代表大會常務委員會第十次會 議通過) (見文件二十三) 和參閱《關於〈全國 人民代表大會常務委員會關於香港特別行政 區行政長官普選問題和 2016 年立法會產生辦 法的決定(草案)〉 的說明》(2014 年 8 月 27 日 在第十二屆全國人民代表大會常務委員會第 十次會議上) (見文件二十四)

[9] 參閱《中華人民共和國香港特別行政區基本法 附件二香港特別行政區立法會的產生辦法和 表決程序修正案》(2010 年 8 月 28 日第十一屆

第二屆
功能團體選舉的議員　30人
選舉委員會選舉的議員　6人
分區直接選舉的議員　24人

第三屆
功能團體選舉的議員　30人
分區直接選舉的議員　30人

(二)　除第一屆立法會外，上述選舉委員會
　　　即本法附件一規定的選舉委員會。上
　　　述分區直接選舉的選區劃分、投票辦
　　　法，各個功能界別和法定團體的劃
　　　分、議員名額的分配、選舉辦法及選
　　　舉委員會選舉議員的辦法，由香港特
　　　別行政區政府提出並經立法會通過
　　　的選舉法加以規定。

二、立法會對法案、議案的表決程序

除本法另有規定外，香港特別行政區立法
會對法案和議案的表決採取下列程序：

政府提出的法案，如獲得出席會議的全體
議員的過半數票，即為通過。

　　全國人民代表大會常務委員會第十六次會議
予以備案)(見文件三及文件四)。

立法會議員個人提出的議案、法案和對政府法案的修正案均須分別經功能團體選舉產生的議員和分區直接選舉、選舉委員會選舉產生的議員兩部分出席會議議員各過半數通過。

三、 二零零七年以後立法會的產生辦法和表決程序[10]

二零零七年以後香港特別行政區立法會的產生辦法和法案、議案的表決程序，如需對本附件的規定進行修改,須經立法會全體議員三分之二多數通過,行政長官同意,並報全國人民代表大會常務委員會備案。

文件三

全國人民代表大會常務委員會公告〈十一屆〉第十五號

根據《中華人民共和國香港特別行政區基本法》附件二、《全國人民代表大會常務委

---

[10] 參閱《全國人民代表大會常務委員會關於〈中華人民共和國香港特別行政區基本法〉附件一第七條和附件二第三條的解釋》(2004 年 4 月 6 日第十屆全國人民代表大會常務委員會第八次會議通過)(見文件十八)。

員會關於〈中華人民共和國香港特別行政區基本法〉附件一第七條和附件二第三條的解釋》和《全國人民代表大會常務委員會關於香港特別行政區 2012 年行政長官和立法會產生辦法及有關普選問題的決定》，全國人民代表大會常務委員會對《中華人民共和國香港特別行政區基本法附件二香港特別行政區立法會的產生辦法和表決程序修正案》予以備案，現予公布。

《中華人民共和國香港特別行政區基本法附件二香港特別行政區立法會的產生辦法和表決程序修正案》自公布之日起生效。特此公告。

全國人民代表大會常務委員會 2010 年 8 月 28 日

文件四

中華人民共和國香港特別行政區基本法附件二香港特別行政區立法會的產生辦法和表決程序修正案(2010 年 8 月 28 日第十一屆全國人民代表大會常務委員會第十六次會議予以備案)

二〇一二年第五屆立法會共 70 名議員,其組成如下:

功能團體選舉的議員 35 人
分區直接選舉的議員 35 人

附件三：在香港特別行政區實施的全國性法律[11]

下列全國性法律，自一九九七年七月一日起由香港特別行政區在當地公布或立法實施。

一、 《關於中華人民共和國國都、紀年、國歌、國旗的決議》

二、 《關於中華人民共和國國慶日的決議》

三、 《中央人民政府公布中華人民共和

---

[11] 關於對列於附件三的法律作出的增減，請參閱: a.《全國人民代表大會常務委員會關於〈中華人民共和國香港特別行政區基本法〉附件三所列全國性法律增減的決定》(1997年7月1日第八屆全國人民代表大會常務委員會第二十六次會議通過)(見文件五)； b.《全國人民代表大會常務委員會關於增加〈中華人民共和國香港特別行政區基本法〉附件三所列全國性法律的決定》(1998年11月4日通過)(見文件六)；及c.《全國人民代表大會常務委員會關於增加〈中華人民共和國香港特別行政區基本法〉附件三所列全國性法律的決定》(2005年10月27日通過)

國國徽的命令》

四、 《中華人民共和國政府關於領海的
聲明》

五、 《中華人民共和國國籍法》

六、 《中華人民共和國外交特權與豁免
條例》

文件五

全國人民代表大會常務委員會關於《中華
人民共和國香港特別行政區基本法》
附件三所列全國性法律增減的決定(1997
年 7 月 1 日第八屆全國人民代表大會常務
委員會第二十六次會議通過)

一、 在《中華人民共和國香港特別行政區
基本法》附件三中增加下列全國性法
律：

1. 《中華人民共和國國旗法》；
2. 《中華人民共和國領事特權與豁免條
例》；
3. 《中華人民共和國國徽法》；
4. 《中華人民共和國領海及毗連區法》；
5. 《中華人民共和國香港特別行政區駐
軍法》。

以上全國性法律,自 1997 年 7 月 1 日起由
香港特別行政區公布或立法實施。

二、 在《中華人民共和國香港特別行政區
基本法》附件三中刪去下列全國性法
律：《中央人民政府公布中華人民共
和國國徽的命令》附：國徽圖案、說
明、使用辦法。

文件六

全國人民代表大會常務委員會關於增加
《中華人民共和國香港特別行政區基本
法》附件三所列全國性法律的決定
(1998 年 11 月 4 日通過)

第九屆全國人民代表大會常務委員會第五
次會議決定：在《中華人民共和國香港特
別行政區基本法》附件三中增加全國性法
律《中華人民共和國專屬經濟區和大陸架
法》。

文件七

全國人民代表大會常務委員會關於增加
《中華人民共和國香港特別行政區基本
法》附件三所列全國性法律的決定(2005
年 10 月 27 日通過)

第十屆全國人民代表大會常務委員會第十
八次會議決定：在《中華人民共和國香港

特別行政區基本法》附件三中增加全國性
法律《中華人民共和國外國中央銀行財產
司法強制措施豁免法》。

香港特別行政區區旗圖案

香港特別行政區區徽圖案

文件八

關於《中華人民共和國香港特別行政區基本法(草案)》及其有關文件的說明(1990年3月28日在第七屆全國人民代表大會第三次會議上)
中華人民共和國香港特別行政區基本法起草委員會主任委員姬鵬飛

各位代表：

中華人民共和國香港特別行政區基本法起草委員會經過四年零八個月的工作，業已完成起草基本法的任務。全國人大常委會已將《中華人民共和國香港特別行政區基本法(草案)》包括三個附件和香港特別行政區區旗、區徽圖案(草案)，連同為全國人大代擬的《中華人民共和國全國人民代表大會關於香港特別行政區第一屆政府和立法會產生辦法的決定(草案)》和《香港特別行政區基本法起草委員會關於設立全國人民代表大會常務委員會香港特別行政區基本法委員會的建議》等文件提請全國人民代表大會審議。現在，我受香港特別行政區基本法起草委員會的委託就這部法律文件作如下說明。

根據《第六屆全國人民代表大會第三次會議關於成立中華人民共和國香港特別行政

區基本法起草委員會的決定》,第六屆全國
人大常委會第十一次會議任命了起草委
員。1985 年 7 月 1 日,起草委員會正式成
立並開始工作。在制定了工作規劃,確定
了基本法結構之後,起草委員會設立了五
個由內地和香港委員共同組成的專題小
組,即中央和香港特別行政區的關係專題
小組,居民的基本權利和義務專題小組,
政治體制專題小組,經濟專題小組,教育、
科學、技術、文化、體育和宗教專題小組,
負責具體起草工作。在各專題小組完成條
文的初稿之後,成立了總體工作小組,從
總體上對條文進行調整和修改。1988 年 4
月,起草委員會第七次全體會議公佈了《中
華人民共和國香港特別行政區基本法(草
案)》徵求意見稿,用五個月的時間在香港
和內地各省、自治區、直轄市及有關部門
廣泛徵求了意見,並在這個基礎上對草案
徵求意見稿作了一百多處修改。1989 年 1
月,起草委員會第八次全體會議採取無記
名投票方式,對準備提交全國人大常委會
的基本法(草案)以及附件和有關文件逐條
逐件地進行了表決,除草案第十九條外,
所有條文、附件和有關文件均以全體委員
三分之二多數贊成獲得通過。同年 2 月,
第七屆全國人大常委會第六次會議決定公
佈基本法(草案)包括附件及其有關文件,
在香港和內地各省、自治區、直轄市以及
中央各部門,各民主黨派、人民團體和有

關專家，人民解放軍各總部中廣泛徵求意見。經過八個月的徵詢期，起草委員會各專題小組在研究了各方面的意見後，共提出了專題小組的修改提案二十四個，其中包括對第十九條的修正案。在今年 2 月舉行的起草委員會第九次全體會議上，對這些提案採取無記名投票的方式逐案進行了表決，均以全體委員三分之二以上多數贊成獲得通過，並以此取代了原條文。至此，基本法(草案)包括附件及其有關文件的起草工作全部完成。

香港特別行政區區旗、區徽圖案的徵集、評選工作，由起草委員五人以及內地和香港的專家六人共同組成的香港特別行政區區旗區徽圖案評選委員會負責。在評委會對七千一百四十七件應徵稿進行初選和複選後，起草委員會對入選的圖案進行了審議、評選，由於未能選出上報全國人大審議的圖案，又由評委會在應徵圖案的基礎上，集體修改出三套區旗、區徽圖案，經起草委員會第九次全體會議以無記名投票的方式表決，從中選出了提交全國人民代表大會審議的區旗區徽圖案(草案)，同時通過了基本法(草案)中關於區旗、區徽的第十條第二、三款。

四年多來，起草委員會先後舉行全體會議九次，主任委員會議二十五次，主任委員擴大會議兩次，總體工作小組會議三次，專題小組會議七十三次，香港特別行政區區旗區徽評選委員會也先後召開會議五次。

回顧四年多來的工作，應該說這部法律文件的起草是很民主，很開放的。在起草過程中，委員們和衷共濟，群策群力，每項條文的起草都是在經過了調查研究和充分討論後完成的，做到了既服從大多數人的意見，又尊重少數人的意見。每當召開各種會議，隨時向採訪會議的記者吹風，會後及時向香港特別行政區基本法諮詢委員會通報情況。基本法起草工作是在全國，特別是在香港廣大同胞和各方面人士的密切關注和廣泛參與下完成的。尤其需要指出的是，由香港各界人士組成的香港特別行政區基本法諮詢委員會對基本法的起草工作一直給予了積極有效的協助，他們在香港收集了大量有關基本法的意見和建議並及時向起草委員會作了反映。諮詢委員會的工作得到了起草委員會們的好評。

各位代表，提請本次大會審議的基本法(草案)，包括序言，第一章總則，第二章中央和香港特別行政區的關係，第三章居民的基本權利和義務，第四章政治體制，第五章經濟，第六章教育、科學、文化、體育、宗教、勞工和社會服務，第七章對外事務，

第八章本法的解釋和修改，第九章附則，共有條文一百六十條。還有三個附件，即：附件一《香港特別行政區行政長官的產生辦法》，附件二《香港特別行政區立法會的產生辦法和表決程序》，附件三《在香港特別行政區實施的全國性法律》。

一、 關於起草基本法的指導方針

"一個國家，兩種制度"是我國政府為實現祖國統一提出的基本國策。按照這一基本國策，我國政府制定了對香港的一系列方針、政策，主要是國家在對香港恢復行使主權時，設立特別行政區，直轄於中央人民政府，除國防、外交由中央負責管理外，香港特別行政區實行高度自治；在香港特別行政區不實行社會主義制度和政策，原有的資本主義社會、經濟制度不變，生活方式不變，法律基本不變；保持香港的國際金融中心和自由港的地位；並照顧英國和其他國家在香港的經濟利益。我國政府將上述方針政策載入了和英國政府共同簽署的關於香港問題的聯合聲明，並宣佈國家對香港的各項方針政策五十年不變，以基本法加以規定。"一國兩制"的構想及在此基礎上產生的對香港的各項方針政策，是實現國家對香港恢復行使主權，同時保持香港的穩定繁榮的根本保證，是符合我國人民，特別是香港同胞的根本利益的。

我國憲法第三十一條規定，"國家在必要時得設立特別行政區。在特別行政區內實行的制度按照具體情況由全國人民代表大會以法律規定。"我國是社會主義國家，社會主義制度是我國的根本制度，但為了實現祖國的統一，在我國的個別地區可以實行另外一種社會制度，即資本主義制度。現在提交的基本法(草案)就是以憲法為依據，以"一國兩制"為指導方針，把國家對香港的各項方針、政策用基本法律的形式規定下來。

二、關於中央和香港特別行政區的關係

中央和香港特別行政區的關係，是基本法的主要內容之一，不僅在第二章，而且在第一、第七、第八章以及其他各章中均有涉及。

草案第十二條規定："香港特別行政區是中華人民共和國的一個享有高度自治權的地方行政區域，直轄於中央人民政府。"這條規定明確了香港特別行政區的法律地位，是草案規定特別行政區的職權範圍及其同中央的關係的基礎。香港特別行政區是中華人民共和國不可分離的部分，是中央人民政府直轄的地方行政區域，同時又是一

個實行與內地不同的制度和政策、享有高
度自治權的特別行政區。因此，在基本法
中既要規定體現國家統一和主權的內容，
又要照顧到香港的特殊情況，賦予特別行
政區高度的自治權。

草案所規定的由全國人大常委會或中央人
民政府行使的職權或負責管理的事務，都
是體現國家主權所必不可少的。如特別行
政區的國防和外交事務由中央人民政府負
責管理，行政長官和主要官員由中央人民
政府任命；少數有關國防、外交和不屬於
香港特別行政區自治範圍的全國性法律要
在特別行政區公佈或成立實施，全國人大
常委會決定宣佈戰爭狀態或因特別行政區
發生其政府不能控制的危及國家統一或安
全的動亂而決定特別行政區進入緊急狀
態，中央人民政府可發佈命令將有關全國
性法律在香港實施。除此以外，草案還規
定,特別行政區應自行立法禁止任何叛國、
分裂國家、煽動叛亂、顛覆中央人民政府
及竊取國家機密的行為，禁止外國的政治
性組織或團體在特別行政區進行政治活
動，禁止特別行政區的政治性組織或團體
與外國的政治性組織或團體建立聯繫。這
對於維護國家的主權、統一和領土完整，
維護香港的長期穩定和繁榮也是非常必要
的。

草案所規定的特別行政區的高度自治權包括行政管理權、立法權、獨立的司法權和終審權，此外，經中央人民政府授權還可以自行處理一些有關的對外事務。應該說，特別行政區所享有的自治權是十分廣泛的。

在行政管理權方面，草案在規定特別行政區依照基本法的規定自行處理香港的行政事務的同時，還具體規定了特別行政區在諸如財政經濟、工商貿易、交通運輸、土地和自然資源的開發和管理、教育科技、文化體育、社會治安、出入境管制等各個方面的自治權。如規定特別行政區保持財政獨立，財政收入不上繳中央，中央不在特別行政區徵稅；自行制定貨幣金融政策，港幣為特別行政區的法定貨幣，其發行權屬於特別行政區政府。又如，規定特別行政區政府的代表可作為中國政府代表團的成員，參加同香港有關的外交談判；特別行政區可在經濟、貿易、金融、航運、通訊、旅遊、文化、體育等領域以"中國香港"的名義，單獨地同世界各國、各地區及有關國際組織保持和發展關係，簽定和履行有關協議。

在立法權方面，草案規定特別行政區立法機關制定的法律經行政長官簽署、公佈即生效，這些法律雖然須報全國人大常委會備案，但備案並不影響生效。同時草案還規定，全國人大常委會只是在認為特別行政區立法機關制定的任何法律不符合基本法關於中央管理的事務及中央和香港特別行政區的關係的條款時，才將有關法律發回，但不作修改。法律一經全國人大常委會發回，立即失效。這樣規定，符合"一國兩制"的原則，既符合憲法的規定又充份考慮了香港實行高度自治的需要。

根據憲法規定，解釋法律是全國人大常委會的職權。為了照顧香港的特殊情況，草案在規定基本法的解釋權屬於全國人大常委會的同時，授權香港特別行政區法院在審理案件時對本法關於特別行政區自治範圍內的條款可自行解釋。這樣規定既保證了全國人大常委會的權力，又有利於香港特別行政區行使其自治權。草案還規定，香港特別行政區法院在審理案件時對本法的其他條款也可解釋，只是在特別行政區法院對本法關於中央人民政府管理的事務或中央和特別行政區的關係的條款進行解釋，而該條款的解釋又影響到終局判決時，才應由香港特別行政區終審法院提請全國人大常委會作出解釋。香港特別行政區法院在引用該條款時，應以全國人大常委會的解釋為準。這樣規定可使香港特別行政區法院在審理案件時對涉及中央管理的事務或中央和特別行政區的關係的條款的理解有所依循，不致由於不準確的理解而作出錯誤的判決。

草案規定特別行政區法院享有獨立的司法權和終審權，作為一個地方行政區域的法院而享有終審權，這無疑是一種很特殊的例外，考慮到香港實行與內地不同的社會制度和法律體系，這樣規定是必需的。香港現行的司法制度和原則一向對有關國防、外交等國家行為無管轄權，草案保留了這一原則，而且規定特別行政區法院在審理案件中遇到涉及國防、外交等國家行為的事實問題，應取得行政長官就此發出的證明文件，上述文件對法院有約束力。行政長官在發出證明文件前，須取得中央人民政府的證明書。這就妥善解決了有關國家行為的司法管轄問題，也保證了特別行政區法院正常行使其職能。

此外，為使全國人大常委會在就特別行政區立法機關制定的任何法律是否符合基本法關於中央管理的事務及中央和香港特別行政區的關係的條款、對附件三所列適用於香港的全國性法律的增減以及基本法的解釋或修改等問題作出決定時，能充分反映香港各界人士的意見，起草委員們建議，在基本法實施時，全國人大常委會應設立一個工作機構，這個機構由內地和香港人士共同組成，就上述問題向全國人大常委

會提供意見。為此起草了《香港特別行政
區基本法起草委員會關於設立全國人民代
表大會常務委員會香港特別行政區基本法
委員會的建議》。

三、 關於居民的基本權利和義務

草案第三章規定香港特別行政區和在香港
特別行政區境內的其他人享有的廣泛權利
和自由，包括政治、人身、經濟、文化、
社會和家庭等各個方面。草案關於香港居
民的權利和自由的規定，有以下兩個基本
特點。

(一)草案對香港居民的權利和自由賦予了
多層次的保障。針對香港居民組成的特點，
不僅規定了香港居民所一般享有的權利和
自由，也規定了其中的永久性居民和中國
公民的權利，還專門規定了香港居民以外
的其他人依法享有香港居民的權利和自
由。此外，在明文規定香港居民的各項基
本權利和自由的同時，還規定香港居民享
有特別行政區法律保障的其他權利和自
由。根據《公民權利和政治權利國際公約》、
《經濟、社會與文化權利的國際公約》和
國際勞工公約在香港適用的情況，草案規
定這些公約適用於香港的有關規定繼續有
效，通過特別行政區的法律予以實施。草
案除設專章規定香港居民的權利和自由

外，還有其他有關章節中作了一些規定。通過這幾個層次的規定，廣泛和全面地保障了香港居民的權利和自由。

(二)草案所規定的香港居民的權利、自由和義務，是按照"一國兩制"的原則，從香港的實際情況出發的，如保護私有財產權、遷徙和出入境的自由、自願生育的權利和對保護私人和法人財產的具體規定等等。草案還明確規定，有關保障香港居民的基本權利和自由的制度，均以基本法為依據。

四、關於政治體制

第四章政治體制主要規定了香港特別行政區的行政、立法以及司法機關的組成、職權和相互關係，規定了香港特別行政區行政長官、主要官員、行政會議和立法會成員、各級法院法官和其他司法人員以及公務人員的資格、職權及有關政策，還規定了香港特別行政區可設立非政權性的區域組織等等。

香港特別行政區的政治體制，要符合"一國兩制"的原則，要從香港的法律地位和實際情況出發，以保障香港的穩定繁榮為目的。為此，必須兼顧社會各階層的利益，有利於資本主義經濟的發展；既保持原政治體制中行之有效的部分，又要循序漸進地逐步發展適合香港情況的民主制度。根據這一原則，本章以及附件一、附件二對香港特別行政區政治體制有以下一些主要規定：

(一)關於行政機關和立法機關的關係。行政機關和立法機關之間的關係應該是既互相制衡又互相配合；為了保持香港的穩定和行政效率，行政長官應有實權，但同時也要受到制約。草案規定，行政長官是香港特別行政區的首長，對中央人民政府和香港特別行政區負責。行政長官領導香港特別行政區政府；簽署法案並公佈法律，簽署財政預算案；行政長官如認為立法會通過的法案不符合香港特別行政區的整體利益，可將法案發回立法會重議，如行政長官拒絕簽署立法會再次通過的法案，或立法會拒絕通過政府提出的預算案或其他重要法案，經協調仍不能取得一致意見，行政長官可解散立法會。草案又規定，政府必須遵守法律，向立法會負責：執行立法會制定並已生效的法律，定期向立法會作施政報告，答覆有關質詢，徵稅和公共開支需經立法會批准；行政長官在作出重要決策、向立法會提交法案、制定附屬法規和解散立法會前，必須徵詢行政會議的意見。同時又規定，如立法會以不少於全體議員三分之二多數再次通過被行政長官發回的法案，行政長官必須在一個月內簽署公佈，除非行政長官解散立法會；如被解散後重選的立法會仍以三分之二多數通過有爭議的原法案或繼續拒絕通過政府提出的預算案或其他重要法案，行政長官必須辭職；如行政長官有嚴重違法或瀆職行為而不辭職，立法會通過一定程序可提出彈劾案，報請中央人民政府決定。上述這些規定體現了行政和立法之間相互制衡、相互配合的關係。

(二)關於行政長官的產生辦法。草案規定，行政長官在當地通過選舉或協商產生，報中央人民政府任命。行政長官的產生辦法要根據香港的實際情況和循序漸進的原則而規定，最終達到由一個有廣泛代表性的提名委員會按民主程序提名後普選的目標。據此，附件一對行政長官的產生辦法作了具體規定，在一九九七年至二〇〇七年的十年內由有廣泛代表性的選舉委員會選舉產生，此後如要改變選舉辦法，由立法會全體議員三分之二多數通過，行政長官同意並報全國人大常委會批准。行政長官的具體產生辦法由附件規定比較靈活，方便在必要時作出修改。

(三)關於立法會的產生辦法和立法會對法案和議案的表決程序。草案規定，立法會由選舉產生，其產生辦法要根據香港的實

際情況和循序漸進的原則而規定，最終達
到全體議員由普選產生的目標。據此，附
件二對立法會的產生辦法作了具體規定，
第一、二屆立法會由功能團體選舉、選舉
委員會選舉和分區直接選舉等三種方式產
生的議員組成。在特別行政區成立的頭十
年內，逐屆增加分區直選的議員席位，減
少選舉委員會選舉的議員席位，到第三屆
立法會，功能團體選舉和分區直選的議員
各佔一半。這樣規定符合循序漸進地發展
選舉制度的原則。附件二還規定，立法會
對政府提出的法案和議員個人提出的法
案、議案採取不同的表決程序。政府提出
的法案獲出席會議的議員過半數票即為通
過；議員個人提出的法案、議案和對政府
法案的修正案須分別獲功能團體選舉的議
員和分區直接選舉、選舉委員會選舉的議
員兩部分出席會議的議員各過半數票，方
為通過。這樣規定，有利於兼顧各階層的
利益，同時又不至於使政府的法案陷入無
休止的爭論，有利於政府施政的高效率。
在特別行政區成立十年以後，立法會的產
生辦法和對法案、議案的表決程序如需改
進，由立法會全體議員三分之二多數通過，
行政長官同意並報全國人大常委會備案。
立法會的具體產生辦法和對法案、議案的
表決程序由附件規定，也是考慮到這樣比
較靈活，方便必要時作出修改。

(四)關於香港特別行政區行政長官、行政會議成員、立法會主席、政府主要官員、終審法院和高等法院首席法官以及基本法委員會香港委員的資格。草案的有關條文規定，擔任上述職務的人必須是在外國無居留權的香港特別行政區永久性居民中的中國公民。這是體現國家主權的需要，也是體現由香港當地人管理香港的原則的需要，只有這樣才能使擔任上述職務的人切實對國家、對香港特別行政區以及香港居民負起責任。也正是基於這一考慮，有關條文還規定，特別行政區立法會必須由在外國無居留權的香港特別行政區永久性居民中的中國公民組成。但照顧到香港的具體情況，允許非中國籍的香港特別行政區永久性居民和在外國有居留權的香港特別行政區永久性居民可以當選為立法會議員，但其所佔比例不得超過立法會全體議員的 20%。

(五)關於香港特別行政區第一屆政府和立法會的產生辦法。根據體現國家主權、有利平穩過渡的原則，香港特別行政區的成立須由全國人大設立的香港特別行政區籌備委員會負責主持。考慮到籌備工作須在香港特別行政區第一屆政府和立法會成立之前進行，而基本法要到一九九七年七月一日才開始實施，起草委員會建議，全國人大對第一屆政府和立法會的產生辦法作出專門決定,此項決定與基本法同時公佈。起草委員會為此起草了有關決定的代擬稿。規定香港特別行政區第一任行政長官,由香港人組成的推選委員會負責產生, 報請中央人民政府任命;原香港最後一屆立法局的組成如符合全國人大關於特別行政區第一屆政府和立法會產生辦法的決定中的規定, 其議員擁護基本法, 願意效忠香港特別行政區並符合基本法規定條件者,經籌委會確認後可成為香港特別行政區第一屆立法會議員。這樣安排, 是為了保證香港在整個過渡時期的穩定以及政權的平穩銜接。

此外, 還規定行政長官、主要官員、行政會議和立法會成員、各級法院法官和其他司法人員在就職時必須宣誓擁護基本法,效忠中華人民共和國香港特別行政區。

五、關於經濟和教育、科學、文化、體育、宗教、勞工和社會服務

第五章主要從財政、金融、貿易、工商業、土地契約、航運、民用航空等八個方面,就香港特別行政區的經濟制度和政策作了規定, 這些規定對於保障香港的資本主義經濟機制的正常運行, 保持香港的國際金融中心地位和自由港地位很有必要。 如在金融貨幣方面規定, 香港特別行政區不實

行外匯管制政策，繼續開放外匯、黃金、證券、期貨等市場；保障一切資金的流動和進出自由；保障金融企業和金融市場的經營自由；確定港幣為特別行政區法定貨幣，可自由兌換，其發行權在特別行政區政府等等。又如在對外貿易方面規定，一切外來投資受法律保護；保障貨物、無形財產和資本的流動自由；除法律另有規定外，不徵收關稅；香港特別行政區為單獨的關稅地區，可以"中國香港"的名義參加關稅和貿易總協定、關於國際紡織品貿易安排等有關國際組織和國際貿易協定，包括優惠貿易安排；香港特別行政區所取得的各類出口配額、關稅優惠和達成的其他類似安排全由香港特別行政區享用。同時還規定香港特別行政區的財政預算要力求收支平衡，避免赤字；參照現行的低稅政策，自行立法規定稅制。此外對主要行業、土地契約、航運、民用航空等各方面作了比較詳盡的規定。

第六章就保持或發展香港現行的教育、科學、文化、體育、宗教、勞工和社會服務等方面的制度和政策作出了規定。這些規定涉及香港居民在社會生活多方面的利益，對於社會的穩定和發展是重要的。

第五、六兩章的政策性條款較多，考慮到我國政府在中英聯合聲明中已承諾把我國對香港的基本方針政策和中英聯合聲明附件一對上述基本方針政策的具體說明寫入基本法，加之香港各界人士要求在基本法裏反映和保護其各自利益的願望比較迫切，因此儘管在起草過程中曾對條文的繁簡有不同意見，但最終還是把政策性條款保留下來。

最後，我就香港特別行政區區旗、區徽圖案(草案)作一點說明。區旗是一面中間配有五顆星的動態紫荊花圖案的紅旗。紅旗代表祖國，紫荊花代表香港，寓意香港是中國不可分離的部分，在祖國的懷抱中興旺發達。花蕊上的五顆星象徵著香港同胞心中熱愛祖國，紅、白兩色體現了"一國兩制"的精神。區徽呈圓形，其外圈寫有"中華人民共和國香港特別行政區"和英文"香港"字樣，其中間的五顆星動態紫荊花圖案的構思及其象徵意義與區旗相同，也是以紅、白兩色體現"一國兩制"的精神。

各位代表，以上是我對《中華人民共和國香港特別行政區基本法(草案)》包括附件及有關文件和香港特別行政區區旗、區徽圖案(草案)的說明，請大會審議。

文件九

全國人民代表大會關於《中華人民共和國香港特別行政區基本法》的決定(1990 年 4 月 4 日第七屆全國人民代表大會第三次會議通過)

第七屆全國人民代表大會第三次會議通過《中華人民共和國香港特別行政區基本法》，包括附件一：《香港特別行政區行政長官的產生辦法》，附件二：《香港特別行政區立法會的產生辦法和表決程序》，附件三：《在香港特別行政區實施的全國性法律》，以及香港特別行政區區旗和區徽圖案。《中華人民共和國憲法》第三十一條規定："國家在必要時得設立特別行政區。在特別行政區內實行的制度按照具體情況由全國人民代表大會以法律規定。"香港特別行政區基本法是根據《中華人民共和國憲法》、按照香港的具體情況制定的，是符合憲法的。香港特別行政區設立後實行的制度、政策和法律，以香港特別行政區基本法為依據。

《中華人民共和國香港特別行政區基本法》自 1997 年 7 月 1 日起實施。

文件十

全國人民代表大會關於設立香港特別行政區的決定(1990 年 4 月 4 日第七屆全國人

民代表大會第三次會議通過)

第七屆全國人民代表大會第三次會議根據
《中華人民共和國憲法》第三十一條和第
六十二條第十三項的規定，決定：

一、自 1997 年 7 月 1 日起設立香港特別行
政區。

二、香港特別行政區的區域包括香港島、
九龍半島，以及所轄的島嶼和附近海域。
香港特別行政區的行政區域圖由國務院另
行公布[12]。

文件十一

中華人民共和國國務院令第 221 號

根據 1990 年 4 月 4 日第七屆全國人民代表
大會第三次會議通過的《全國人民代表大
會關於設立香港特別行政區的決定》，《中
華人民共和國香港特別行政區行政區域
圖》已經 1997 年 5 月 7 日國務院第 56 次
常務會議通過，現予公布。

---

[12] 見《中華人民共和國國務院令第 221 號》(文
件十一)。

附：中華人民共和國香港特別行政區行政區域界線文字表述

總理
李鵬
一九九七年七月一日

附：中華人民共和國香港特別行政區行政區域界線文字表述區域界線由陸地部分和海上部分組成。

一、陸地部分

陸地部分由以下三段組成：

(一)沙頭角鎮段

1. 由沙頭角碼頭底部東角(1 號點，北緯 22°32'37.21"，東經 114°13'34.85")起至新樓街東側並行的排水溝入海口處，再沿排水溝中心線至該線與中英街中心線的交點(2 號點，北緯 22°32'45.42"，東經 114°13'32.40")；

2. 由 2 號點起沿中英街中心線至步步街與中英街兩街中心線的交點(3 號點，北緯 22°32'52.26"，東經 114°13'36.91")；

3. 由 3 號點起以直線連接沙頭角河橋西側河中心橋墩底部的西端(4 號點，北緯 22°32'52.83"，東經 114°13'36.86")。

(二)沙頭角鎮至伯公坳段

由 4 號點起沿沙頭角河中心線逆流而上經伯公坳東側山谷谷底至該坳鞍部中心止(5號點，北緯 22°33'23.49"，東經 114°12'24.25")。

(三)伯公坳至深圳河入海段

由伯公坳鞍部起沿該坳西側主山谷谷底至深圳河伯公坳源頭，再沿深圳河中心線直至深圳灣(亦稱后海灣)河口處止。深圳河治理後，以新河中心線作為區域界線。

二、海上部分

海上部分由以下三段組成：

(一)深圳灣海域段

由深圳河入海口起，沿南航道中央至 84號航燈標(亦稱 " B"號航燈標)(6 號點，北緯 22°30'36.23"，東經 113°59'42.20")，再與以下兩點直線連成：

1. 深圳灣 83 號航燈標(亦稱 " A"號航燈標)(7 號點，北緯 22°28'20.49"，東經 113°56'52.10")；

2. 上述 7 號點與內伶仃島南端的東角咀的聯線與東經 113°52 '08.8"經線的交點(8 號點，北緯 22°25'43.7"，東經 113°52'08.8")。

(二)南面海域段

由 8 號點起與以下 13 點直線連成：

1. 由 8 號點沿東經 113°52'08.8"經線向南延伸至北緯 22°20'處(9 號點，北緯 22°20'，東經 113°52'08.8")；
2. 大澳北面海岸線最突出部向西北 1 海里處(10 號點，北緯 22°16'23.2"，東經 113°50'50.6")；
3. 大澳西面海岸線最突出部向西北 1 海里處(11 號點，北緯 22°16'03.8"，東經 113°50'20.4")；
4. 雞公山西南面海岸線最突出部向西北 1 海里處(12 號點，北緯 22°14'21.4"，東經 113°49'35.0")；
5. 大嶼山雞翼角西面海岸線最突出部向西 1 海里處(13 號點,北緯 22°13'01.4"，東經 113°49'01.6")；
6. 大嶼山分流角西南面海岸線最突出部向西南 1 海里處(14 號點，北緯 22°11'01.9"，東經 113°49'56.6")；
7. 索罟群島大鴉洲南面海岸線最突出部與大蜘洲銀角咀北面海岸線最突出部

間的中點(15 號點，北緯 22°08'33.1"，
東經 113°53'47.6")；

8. 索罟群島頭顱洲南面海岸線最突出部
向南 1 海里處(16 號點，北緯
22°08'12.2"，東經 113°55'20.6")；

9. 以索罟群島頭顱洲南面海岸線最突出
部為中心之 1 海里半徑與北緯
22°08'54.5"緯線在東面的交點(17 號
點，北緯 22°08'54.5"，東經
113°56'22.4")；

10. 以蒲台群島墨洲西南面海岸線最突出
部為中心之 1 海里半徑與北緯
22°08'54.5"緯線在西面的交點(18 號
點，北緯 22°08'54.5"，東經
114°14'09.6")；

11. 蒲台島南角咀正南 1 海里處(19 號點，
北緯 22°08'18.8"，東經 114°15'18.6")；

12. 以蒲台島大角頭東南面海岸線最突出
部為中心之 1 海里半徑與北緯
22°08'54.5"緯線在東面的交點(20 號
點，北緯 22°08'54.5"，東經
114°17'02.4")；

13. 北緯 22°08'54.5"，東經 114°30'08.8"(21
號點)。

(三)大鵬灣海域段

由 21 號點與以下 10 點和 1 號點直線連成：

1. 北緯 22°21'54.5"，東經 114°30'08.8"(22
   號點)；
2. 大鹿灣北面海岸線最突出部至石牛洲
   導航燈間的中點(23 號點，北緯
   22°28'07.4"，東經 114°27'17.6")；
3. 水頭沙西南海岸線最突出部至平洲島
   更樓石間的中點(24 號點，北緯
   22°32'41.9"，東經 114°27'18.5")；
4. 秤頭角至平洲島的洲尾角間的中點(25
   號點，北緯 22°33'43.2"，東經
   114°26'02.3")；
5. 背仔角海岸線最突出部至白沙洲北面
   海岸線最突出部間的中點(26 號點，北
   緯 22°34'06.0"，東經 114°19'58.7")；
6. 正角咀海岸線最突出部至吉澳雞公頭
   東面海岸線最突出部間的中點(27 號
   點，北緯 22°34'00.0"，東經
   114°18'32.7")；
7. 塘元涌海岸線最突出部至吉澳北面海
   岸線最突出部間的中點(28 號點，北緯
   22°33'55.8"，東經 114°16'33.7")；
8. 恩上南小河入海口處至長排頭間的中
   點(29 號點，北緯 22°33'20.6"，東經
   114°14'55.2")；
9. 官路下小河入海口處至三角咀間的中
   點(30 號點，北緯 22°33'02.6"，東經
   114°14'13.4")；
10. 1 號點正東方向至對岸間的中點(31 號
    點，北緯 22°32'37.2"，東經

114°14'01.1")。

註：上述坐標值採用 WGS84 坐標系。

中華人民共和國
香港特別行政區行政區域圖

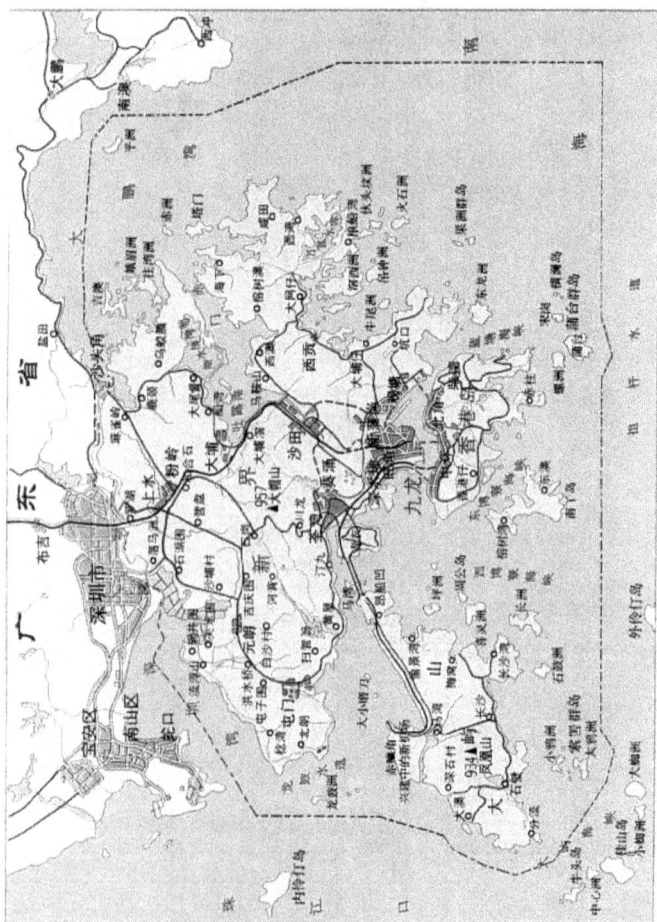

1:500 000

文件十二

全國人民代表大會關於香港特別行政區第
一屆政府和立法會產生辦法的決定(1990
年 4 月 4 日第七屆全國人民代表大會第三
次會議通過)

一、 香港特別行政區第一屆政府和立法
會根據體現國家主權、平穩過渡的原
則產生。

二、 在 1996 年內，全國人民代表大會設
立香港特別行政區籌備委員會，負責
籌備成立香港特別行政區的有關事
宜，根據本決定規定第一屆政府和立
法會的具體產生辦法。籌備委員會由
內地和不少於 50%的香港委員組成，
主任委員和委員由全國人民代表大
會常務委員會委任。

三、 香港特別行政區籌備委員會負責籌
組香港特別行政區第一屆政府推選
委員會(以下簡稱推選委員會)。

推選委員會全部由香港永久性居民組成，
必須具有廣泛代表性，成員包括全國人民
代表大會香港地區代表、香港地區全國政

協委員的代表、香港特別行政區成立前曾在香港行政、立法、諮詢機構任職並有實際經驗的人士和各階層、界別中具有代表性的人士。

推選委員會由 400 人組成，比例如下：

工商、金融界 25%
專業界 25%
勞工、基層、宗教等界 25%
原政界人士、香港地區全國人大代表、
香港地區全國政協委員的代表 25%

四、 推選委員會在當地以協商方式、或協商後提名選舉，推舉第一任行政長官人選，報中央人民政府任命。第一任行政長官的任期與正常任期相同。

五、 第一屆香港特別行政區政府由香港特別行政區行政長官按香港特別行政區基本法規定負責籌組。

六、 香港特別行政區第一屆立法會由 60 人組成，其中分區直接選舉產生議員 20 人，選舉委員會選舉產生議員 10 人，功能團體選舉產生議員 30 人。原香港最後一屆立法局的組成如符合本決定和香港特別行政區基本法的有關規定，其議員擁護中華人民共

和國香港特別行政區基本法、願意效
忠中華人民共和國香港特別行政區
並符合香港特別行政區基本法規定
條件者，經香港特別行政區籌備委員
會確認，即可成為香港特別行政區第
一屆立法會議員。

香港特別行政區第一屆立法會議員的任期
為兩年。

文件十三

全國人民代表大會關於批准香港特別行政
區基本法起草委員會關於設立全國人民代
表大會常務委員會香港特別行政區基本法
委員會的建議的決定(1990 年 4 月 4 日第
七屆全國人民代表大會第三次會議通過)

第七屆全國人民代表大會第三次會議決
定：

一、　批准香港特別行政區基本法起草委
　　　員會關於設立全國人民代表大會常
　　　務委員會香港特別行政區基本法委
　　　員會的建議。

二、　在《中華人民共和國香港特別行政區
　　　基本法》實施時，設立全國人民代表
　　　大會常務委員會香港特別行政區基

本法委員會。

附：香港特別行政區基本法起草委員會關於設立全國人民代表大會常務委員會香港特別行政區基本法委員會的建議

一、 名稱：全國人民代表大會常務委員會香港特別行政區基本法委員會。

二、 隸屬關係：是全國人民代表大會常務委員會下設的工作委員會。

三、 任務：就有關香港特別行政區基本法第十七條、第十八條、第一百五十八條、第一百五十九條實施中的問題進行研究，並向全國人民代表大會常務委員會提供意見。

四、 組成：成員十二人，由全國人民代表大會常務委員會任命內地和香港人士各六人組成，其中包括法律界人士，任期五年。香港委員須由在外國無居留權的香港特別行政區永久性居民中的中國公民擔任，由香港特別行政區行政長官，立法會主席和終審法院首席法官聯合提名，報全國人民代表大會常務委員會任命。

文件十四

全國人民代表大會常務委員會關於《中華
人民共和國香港特別行政區基本法》英文
本的決定(1990 年 6 月 28 日通過)

第七屆全國人民代表大會常務委員會第十
四次會議決定：全國人民代表大會法律委
員會主持審定的《中華人民共和國香港特
別行政區基本法》英譯本為正式英文本，
和中文本同樣使用；英文本中的用語的含
義如果有與中文本有出入的，以中文本為
準。

文件十五

全國人民代表大會常務委員會關於《中華
人民共和國國籍法》在香港特別行政區實
施的幾個問題的解釋(1996 年 5 月 15 日第
八屆全國人民代表大會常務委員會第十九
次會議通過)

根據《中華人民共和國香港特別行政區基
本法》第十八條和附件三的規定,《中華人
民共和國國籍法》自 1997 年 7 月 1 日起在
香港特別行政區實施。考慮到香港的歷史
背景和現實情況，對《中華人民共和國國
籍法》在香港特別行政區實施作如下解釋：

一、　凡具有中國血統的香港居民，本人出生在中國領土(含香港)者，以及其他符合《中華人民共和國國籍法》規定的具有中國國籍的條件者，都是中國公民。

二、　所有香港中國同胞，不論其是否持有"英國屬土公民護照"或者"英國國民(海外)護照"，都是中國公民。自1997年7月1日起，上述中國公民可繼續使用英國政府簽發的有效旅行證件去其他國家或地區旅行，但在香港特別行政區和中華人民共和國其他地區不得因持有上述英國旅行證件而享有英國的領事保護的權利。

三、　任何在香港的中國公民，因英國政府的"居英權計劃"而獲得的英國公民身份，根據《中華人民共和國國籍法》不予承認。這類人仍為中國公民，在香港特別行政區和中華人民共和國其他地區不得享有英國的領事保護的權利。

四、　在外國有居留權的香港特別行政區的中國公民，可使用外國政府簽發的有關證件去其他國家或地區旅行，但在香港特別行政區和中華人民共和國其他地區不得因持有上述證件而享有外國領事保護的權利。

五、 香港特別行政區的中國公民的國籍
發生變更，可憑有效證件向香港特別
行政區受理國籍申請的機關申報。

六、 授權香港特別行政區政府指定其入
境事務處為香港特別行政區受理國
籍申請的機關，香港特別行政區入境
事務處根據《中華人民共和國國籍
法》和以上規定對所有國籍申請事宜
作出處理。

文件十六

全國人民代表大會常務委員會關於根據
《中華人民共和國香港特別行政區基本
法》第一百六十條處理香港原有法律的決
定(1997 年 2 月 23 日第八屆全國人民代表
大會常務委員會第二十四次會議通過)

《中華人民共和國香港特別行政區基本
法》(以下簡稱《基本法》)第一百六十條
規定："香港特別行政區成立時，香港原有
法律除由全國人民代表大會常務委員會宣
布為同本法抵觸者外，採用為香港特別行
政區法律，如以後發現有的法律與本法抵
觸，可依照本法規定的程序修改或停止生
效。"第八條規定："香港原有法律，即普

通法、衡平法、條例、附屬立法和習慣法，
除同本法相抵觸或經香港特別行政區的立
法機關作出修改者外，予以保留。"第八屆
全國人民代表大會常務委員會第二十四次
會議根據上述規定，審議了香港特別行政
區籌備委員會關於處理香港原有法律問題
的建議，決定如下：

一、 香港原有法律，包括普通法、衡平法、
條例、附屬立法和習慣法，除同《基
本法》抵觸者外，採用為香港特別行
政區法律。

二、 列於本決定附件一的香港原有的條
例及附屬立法抵觸《基本法》，不採
用為香港特別行政區法律。

三、 列於本決定附件二的香港原有的條
例及附屬立法的部分條款抵觸《基本
法》，抵觸的部分條款不採用為香港
特別行政區法律。

四、 採用為香港特別行政區法律的香港
原有法律，自 1997 年 7 月 1 日起，
在適用時，應作出必要的變更、適應、
限制或例外，以符合中華人民共和國
對香港恢復行使主權後香港的地位
和《基本法》的有關規定，如《新界
土地(豁免)條例》在適用時應符合上

述原則。

除符合上述原則外，原有的條例或附屬立法中：

(一) 規定與香港特別行政區有關的外交事務的法律，如與在香港特別行政區實施的全國性法律不一致，應以全國性法律為準，並符合中央人民政府享有的國際權利和承擔的國際義務。

(二) 任何給予英國或英聯邦其它國家或地區特權待遇的規定，不予保留，但有關香港與英國或英聯邦其它國家或地區之間互惠性規定，不在此限。

(三) 有關英國駐香港軍隊的權利、豁免及義務的規定，凡不抵觸《基本法》和《中華人民共和國香港特別行政區駐軍法》的規定者，予以保留，適用於中華人民共和國中央人民政府派駐香港特別行政區的軍隊。

(四) 有關英文的法律效力高於中文的規定，應解釋為中文和英文都是正式語文。

(五) 在條款中引用的英國法律的規定，如不損害中華人民共和國的主權和不抵觸《基本法》的規定，在香港特別行政區對其作出修改前，作為過渡安排，可繼續參照適用。

五、 在符合第四條規定的條件下，採用為香港特別行政區法律的香港原有法律，除非文意另有所指，對其中的名稱或詞句的解釋或適用，須遵循本決定附件三所規定的替換原則。

六、 採用為香港特別行政區法律的香港原有法律，如以後發現與《基本法》相抵觸者，可依照《基本法》規定的程序修改或停止生效。

附件一

香港原有法律中下列條例及附屬立法抵觸《基本法》，不採用為香港特別行政區法律：

1. 《受託人(香港政府證券)條例》(香港法例第 77 章)；
2. 《英國法律應用條例》(香港法例第 88 章)；
3. 《英國以外婚姻條例》(香港法例第 180 章)；
4. 《華人引渡條例》(香港法例第 235 章)；
5. 《香港徽幟(保護)條例》(香港法例第

315 章)；

6. 《國防部大臣(產業承繼)條例》(香港法例第 193 章)；

7. 《皇家香港軍團條例》(香港法例第 199 章)；

8. 《強制服役條例》(香港法例第 246 章)；

9. 《陸軍及皇家空軍法律服務處條例》(香港法例第 286 章)；

10. 《英國國籍(雜項規定)條例》(香港法例第 186 章)；

11. 《1981 年英國國籍法(相應修訂)條例》(香港法例第 373 章)；

12. 《選舉規定條例》(香港法例第 367 章)；

13. 《立法局(選舉規定)條例》(香港法例第 381 章)；

14. 《選區分界及選舉事務委員會條例》(香港法例第 432 章)。

附件二

香港原有法律中下列條例及附屬立法的部分條款抵觸《基本法》，不採用為香港特別行政區法律：

1. 《人民入境條例》(香港法例第 115 章)第 2 條中有關"香港永久性居民"的定義和附表一"香港永久性居民"的規定；

2. 任何為執行在香港適用的英國國籍法所作出的規定；

3. 《市政局條例》(香港法例第 101 章)中有關選舉的規定；

4. 《區域市政局條例》(香港法例第 385 章)中有關選舉的規定；

5. 《區議會條例》(香港法例第 366 章)中有關選舉的規定；

6. 《舞弊及非法行為條例》(香港法例第 288 章)中的附屬立法 A《市政局、區域市政局以及區議會選舉費用令》和附屬立法 C《立法局決議》；

7. 《香港人權法案條例》(香港法例第 383 章)第 2 條第(3)款有關該條例的解釋及應用目的的規定，第 3 條有關"對先前法例的影響"和第 4 條有關"日後的法例的釋義"的規定；

8. 《個人資料(私隱)條例》(香港法例第 486 章)第 3 條第(2)款有關該條例具有凌駕地位的規定；

9. 1992 年 7 月 17 日以來對《社團條例》(香港法例第 151 章)的重大修改；

10. 1995 年 7 月 27 日以來對《公安條例》(香港法例第 245 章)的重大修改。

附件三

採用為香港特別行政區法律的香港原有法律中的名稱或詞句在解釋或適用時一般須遵循以下替換原則：

1. 任何提及"女王陛下"、"王室"、"英國政府"及"國務大臣"等相類似名稱或詞句的條款，如該條款內容是關於香港土地所有權或涉及《基本法》所規定的中央管理的事務和中央與香港特別行政區的關係，則該等名稱或詞句應相應地解釋為中央或中國的其它主管機關，其它情況下應解釋為香港特別行政區政府。

2. 任何提及"女王會同樞密院"或"樞密院"的條款，如該條款內容是關於上訴權事項，則該等名稱或詞句應解釋為香港特別行政區終審法院，其它情況下，依第 1 項規定處理。

3. 任何冠以"皇家"的政府機構或半官方機構的名稱應刪去"皇家"字樣，並解釋為香港特別行政區相應的機構。

4. 任何"本殖民地"的名稱應解釋為香港特別行政區；任何有關香港領域的表述應依照國務院頒布的香港特別行政區行政區域圖作出相應解釋後適用。

5. 任何"最高法院"及"高等法院"等名稱或詞句應相應地解釋為高等法院及高等法院原訟法庭。

6. 任何"總督"、"總督會同行政局"、"布政司"、"律政司"、"首席按察司"、"政務司"、"憲制事務司"、"海關總監"及"按察司"等名稱或詞句應相應地解釋為香港特別行政區行政長官、行政長官會同行政會議、政務司長、律政司長、終審法院首席法官或高等法院首席法官、民政事務局局長、政制事務局局長、海關關長及高等法院法官。

7. 在香港原有法律中文文本中,任何有關立法局、司法機關或行政機關及其人員的名稱或詞句應相應地依照《基本法》的有關規定進行解釋和適用。

8. 任何提及"中華人民共和國"和"中國"等相類似名稱或詞句的條款,應解釋為包括台灣、香港和澳門在內的中華人民共和國；任何單獨或同時提及大陸、台灣、香港和澳門的名稱或詞句的條款,應相應地將其解釋為中華人民共和國的一個組成部分。

9. 任何提及"外國"等相類似名稱或詞句的條款,應解釋為中華人民共和國以外的任何國家或地區,或者根據該項法律或條款的內容解釋為"香港特別行政區以外的任何地方"；任何提及"外籍人士"等相類似名稱或詞句的條款,應解釋為中華人民共和國公民以外的任何人士。

10. 任何提及"本條例的條文不影響亦不得視為影響女王陛下、其儲君或其繼位人的權利"的規定,應解釋為"本條例的條文不影響亦不得視為影響中央或香港特別行政區政府根據《基本法》和其他法律的規定所享有的權利"。

文件十七

全國人民代表大會常務委員會關於《中華人民共和國香港特別行政區基本法》第二十二條第四款和第二十四條第二款第(三)項的解釋(1999 年 6 月 26 日第九屆全國人民代表大會常務委員會第十次會議通過)

第九屆全國人民代表大會常務委員會第十次會議審議了國務院《關於提請解釋〈中華人民共和國香港特別行政區基本法〉第二十二條第四款和第二十四條第二款第(三)項的議案》。國務院的議案是應香港特別行政區行政長官根據《中華人民共和國香港特別行政區基本法》第四十三條和第四十八條第(二)項的有關規定提交的報告提出的。鑒於議案中提出的問題涉及香港特別行政區終審法院 1999 年 1 月 29 日的判決對《中華人民共和國香港特別行政區基本法》有關條款的解釋，該有關條款涉及中央管理的事務和中央與香港特別行政區的關係,終審法院在判決前沒有依照《中華人民共和國香港特別行政區基本法》第一百五十八條第三款的規定請全國人民代表大會常務委員會作出解釋，而終審法院的解釋又不符合立法原意，經徵詢全國人民代表大會常務委員會香港特別行政區基本法委員會的意見，全國人民代表大會常務委員會決定，根據《中華人民共和國憲

法》第六十七條第(四)項和《中華人民共
和國香港特別行政區基本法》第一百五十
八條第一款的規定，對《中華人民共和國
香港特別行政區基本法》第二十二條第四
款和第二十四條第二款第(三)項的規定，
作如下解釋：

一、　《中華人民共和國香港特別行政區
　　　基本法》第二十二條第四款關於"中
　　　國其他地區的人進入香港特別行政
　　　區須辦理批准手續"的規定，是指各
　　　省、自治區、直轄市的人，包括香港
　　　永久性居民在內地所生的中國籍子
　　　女，不論以何種事由要求進入香港特
　　　別行政區，均須依照國家有關法律、
　　　行政法規的規定，向其所在地區的有
　　　關機關申請辦理批准手續，並須持有
　　　有關機關製發的有效證件方能進入
　　　香港特別行政區。各省、自治區、直
　　　轄市的人，包括香港永久性居民在內
　　　地所生的中國籍子女，進入香港特別
　　　行政區，如未按國家有關法律、行政
　　　法規的規定辦理相應的批准手續，是
　　　不合法的。

二、　《中華人民共和國香港特別行政區
　　　基本法》第二十四條第二款前三項規
　　　定："香港特別行政區永久性居民為
　　　：(一)在香港特別行政區成立以前

或以後在香港出生的中國公民；(二)在香港特別行政區成立以前或以後在香港通常居住連續七年以上的中國公民； (三)第(一)、(二)兩項所列居民在香港以外所生的中國籍子女"。其中第(三)項關於"第(一)、(二)兩項所列居民在香港以外所生的中國籍子女"的規定，是指無論本人是在香港特別行政區成立以前或以後出生，在其出生時，其父母雙方或一方須是符合《中華人民共和國香港特別行政區基本法》第二十四條第二款第(一)項或第(二)項規定條件的人。本解釋所闡明的立法原意以及《中華人民共和國香港特別行政區基本法》第二十四條第二款其他各項的立法原意，已體現在 1996 年 8 月 10 日全國人民代表大會香港特別行政區籌備委員會第四次全體會議通過的《關於實施〈中華人民共和國香港特別行政區基本法〉第二十四條第二款的意見》中。

本解釋公布之後，香港特別行政區法院在引用《中華人民共和國香港特別行政區基本法》有關條款時，應以本解釋為準。本解釋不影響香港特別行政區終審法院 1999 年 1 月 29 日對有關案件判決的有關訴訟當事人所獲得的香港特別行政區居留權。此外，其他任何人是否符合《中華人民共和國香港特別行政區基本法》第二十四條第二款第(三)項規定的條件，均須以本解釋為準。

文件十八

全國人民代表大會常務委員會關於《中華人民共和國香港特別行政區基本法》附件一第七條和附件二第三條的解釋(2004年4月6日第十屆全國人民代表大會常務委員會第八次會議通過)

第十屆全國人民代表大會常務委員會第八次會議審議了委員長會議關於提請審議《全國人民代表大會常務委員會關於〈中華人民共和國香港特別行政區基本法〉附件一第七條和附件二第三條的解釋(草案)》的議案。經徵詢全國人民代表大會常務委員會香港特別行政區基本法委員會的意見，全國人民代表大會常務委員會決定，根據《中華人民共和國憲法》第六十七條第四項和《中華人民共和國香港特別行政區基本法》第一百五十八條第一款的規定，對《中華人民共和國香港特別行政區基本法》附件一《香港特別行政區行政長官的產生辦法》第七條"二〇〇七年以後各任行政長官的產生辦法如需修改，須經立法會全體議員三分之二多數通過，行政長官同意，並報全國人民代表大會常務委員會批准”的規定和附件二《香港特別行政區立法會的產生辦法和表決程序》第三條“二〇〇七年以後香港特別行政區立法會的產生辦法和法案、議案的表決程序，如需對本附件的規定進行修改，須經立法會全體議員三分之二多數通過，行政長官同意，並報全國人民代表大會常務委員會備案”的規定，作如下解釋：

一、　上述兩個附件中規定的“二〇〇七年以後”，含二〇〇七年。

二、　上述兩個附件中規定的二〇〇七年以後各任行政長官的產生辦法、立法會的產生辦法和法案、議案的表決程序“如需”修改，是指可以進行修改，也可以不進行修改。

三、　上述兩個附件中規定的須經立法會全體議員三分之二多數通過，行政長官同意，並報全國人民代表大會常務委員會批准或者備案，是指行政長官的產生辦法和立法會的產生辦法及立法會法案、議案的表決程序修改時必經的法律程序。只有經過上述程序，包括最後全國人民代表大會常務委員會依法批准或者備案，該修改方可生效。是否需要進行修改，香港特

別行政區行政長官應向全國人民代
表大會常務委員會提出報告，由全國
人民代表大會常務委員會依照《中華
人民共和國香港特別行政區基本法》
第四十五條和第六十八條規定，根據
香港特別行政區的實際情況和循序
漸進的原則確定。修改行政長官產生
辦法和立法會產生辦法及立法會法
案、議案表決程序的法案及其修正
案，應由香港特別行政區政府向立法
會提出。

四、　上述兩個附件中規定的行政長官的
產生辦法、立法會的產生辦法和法
案、議案的表決程序如果不作修改，
行政長官的產生辦法仍適用附件一
關於行政長官產生辦法的規定；立法
會的產生辦法和法案、議案的表決程
序仍適用附件二關於第三屆立法會
產生辦法的規定和附件二關於法案、
議案的表決程序的規定。

現予公告。

文件十九

全國人民代表大會常務委員會關於香港特
別行政區 2007 年行政長官和 2008 年立法
會產生辦法有關問題的決定(2004 年 4 月

26 日第十屆全國人民代表大會常務委員
會第九次會議通過)

第十屆全國人民代表大會常務委員會第九
次會議審議了香港特別行政區行政長官董
建華 2004 年 4 月 15 日提交的《關於香港
特別行政區 2007 年行政長官和 2008 年立
法會產生辦法是否需要修改的報告》,並在
會前徵詢了香港特別行政區全國人大代
表、全國政協委員和香港各界人士、全國
人大常委會香港特別行政區基本法委員會
香港委員、香港特別行政區政府政制發展
專責小組的意見, 同時徵求了國務院港澳
事務辦公室的意見。全國人大常委會在審
議中充分注意到近期香港社會對 2007 年
以後行政長官和立法會的產生辦法的關
注, 其中包括一些團體和人士希望 2007
年行政長官和 2008 年立法會全部議員由
普選產生的意見。

會議認為,《中華人民共和國香港特別行政
區基本法》(以下簡稱香港基本法)第四十
五條和第六十八條已明確規定, 香港特別
行政區行政長官和立法會的產生辦法應根
據香港特別行政區的實際情況和循序漸進
的原則而規定, 最終達至行政長官由一個
有廣泛代表性的提名委員會按民主程序提
名後普選產生、立法會全部議員由普選產
生的目標。香港特別行政區行政長官和立

法會的產生辦法應符合香港基本法的上述
原則和規定。有關香港特別行政區行政長
官和立法會產生辦法的任何改變，都應遵
循與香港社會、經濟、政治的發展相協調，
有利於社會各階層、各界別、各方面的均
衡參與，有利於行政主導體制的有效運行，
有利於保持香港的長期繁榮穩定等原則。

會議認為，香港特別行政區成立以來，香
港居民所享有的民主權利是前所未有的。
第一任行政長官由 400 人組成的推選委員
會選舉產生，第二任行政長官由 800 人組
成的選舉委員會選舉產生；立法會 60 名議
員中分區直選產生的議員已由第一屆立法
會的 20 名增加到第二屆立法會的 24 名，
今年 9 月產生的第三屆立法會將達至 30
名。香港實行民主選舉的歷史不長，香港
居民行使參與推選特別行政區行政長官的
民主權利，至今不到 7 年。香港回歸祖國
以來，立法會中分區直選議員的數量已有
相當幅度的增加，在達至分區直選議員和
功能團體選舉的議員各佔一半的格局後，
對香港社會整體運作的影響，尤其是對行
政主導體制的影響尚有待實踐檢驗。加之
目前香港社會各界對於 2007 年以後行政
長官和立法會的產生辦法如何確定仍存在
較大分歧，尚未形成廣泛共識。在此情況
下，實現香港基本法第四十五條規定的行
政長官由一個有廣泛代表性的提名委員會

按民主程序提名後普選產生和香港基本法第六十八條規定的立法會全部議員由普選產生的條件還不具備。

鑑此，全國人大常委會依據香港基本法的有關規定和《全國人民代表大會常務委員會關於〈中華人民共和國香港特別行政區基本法〉附件一第七條和附件二第三條的解釋》，對香港特別行政區 2007 年行政長官和 2008 年立法會的產生辦法決定如下：

一、 2007 年香港特別行政區第三任行政長官的選舉，不實行由普選產生的辦法。2008 年香港特別行政區第四屆立法會的選舉，不實行全部議員由普選產生的辦法，功能團體和分區直選產生的議員各佔半數的比例維持不變，立法會對法案、議案的表決程序維持不變。

二、 在不違反本決定第一條的前提下，2007 年香港特別行政區第三任行政長官的具體產生辦法和 2008 年香港特別行政區第四屆立法會的具體產生辦法，可按照香港基本法第四十五條、第六十八條的規定和附件一第七條、附件二第三條的規定作出符合循序漸進原則的適當修改。

會議認為，按照香港基本法的規定，在香港特別行政區根據實際情況，循序漸進地發展民主，是中央堅定不移的一貫立場。隨着香港社會各方面的發展和進步，經過香港特別行政區政府和香港居民的共同努力，香港特別行政區的民主制度一定能夠不斷地向前發展，最終達至香港基本法規定的行政長官由一個有廣泛代表性的提名委員會按民主程序提名後普選產生和立法會全部議員由普選產生的目標。

文件二十

全國人民代表大會常務委員會關於《中華人民共和國香港特別行政區基本法》第五十三條第二款的解釋(2005 年 4 月 27 日第十屆全國人民代表大會常務委員會第十五次會議通過)

第十屆全國人民代表大會常務委員會第十五次會議審議了國務院《關於提請解釋〈中華人民共和國香港特別行政區基本法〉第五十三條第二款的議案》。根據《中華人民共和國憲法》第六十七條第四項和《中華人民共和國香港特別行政區基本法》第一百五十八條第一款的規定，並徵詢全國人民代表大會常務委員會香港特別行政區基本法委員會的意見，全國人民代表大會常務委員會對《中華人民共和國香港特別行

政區基本法》第五十三條第二款的規定，
作如下解釋：

《中華人民共和國香港特別行政區基本
法》第五十三條第二款中規定：“行政長官
缺位時，應在六個月內依本法第四十五條
的規定產生新的行政長官。”其中“依本法
第四十五條的規定產生新的行政長官”，既
包括新的行政長官應依據《中華人民共和
國香港特別行政區基本法》第四十五條規
定的產生辦法產生，也包括新的行政長官
的任期應依據《中華人民共和國香港特別
行政區基本法》第四十五條規定的產生辦
法確定。

《中華人民共和國香港特別行政區基本
法》第四十五條第三款規定：“行政長官產
生的具體辦法由附件一《香港特別行政區
行政長官的產生辦法》規定。”附件一第一
條規定：“行政長官由一個具有廣泛代表性
的選舉委員會根據本法選出，由中央人民
政府任命。”第二條規定：“選舉委員會每
屆任期五年。”第七條規定：“二〇〇七年
以後各任行政長官的產生辦法如需修改，
須經立法會全體議員三分之二多數通過，
行政長官同意，並報全國人民代表大會常
務委員會批准。”上述規定表明，二〇〇七
年以前，在行政長官由任期五年的選舉委
員會選出的制度安排下，如出現行政長官

未任滿《中華人民共和國香港特別行政區基本法》第四十六條規定的五年任期導致行政長官缺位的情況，新的行政長官的任期應為原行政長官的剩餘任期；二〇〇七年以後，如對上述行政長官產生辦法作出修改，屆時出現行政長官缺位的情況，新的行政長官的任期應根據修改後的行政長官具體產生辦法確定。

現予公告。

文件二十一

全國人民代表大會常務委員會關於香港特別行政區 2012 年行政長官和立法會產生辦法及有關普選問題的決定(2007 年 12 月 29 日第十屆全國人民代表大會常務委員會第三十一次會議通過)

第十屆全國人民代表大會常務委員會第三十一次會議審議了香港特別行政區行政長官曾蔭權 2007 年 12 月 12 日提交的《關於香港特別行政區政制發展諮詢情況及 2012 年行政長官和立法會產生辦法是否需要修改的報告》。會議認為，2012 年香港特別行政區第四任行政長官的具體產生辦法和第五屆立法會的具體產生辦法可以作出適當修改；2017 年香港特別行政區第五任行政長官的選舉可以實行由普選產生

的辦法；在行政長官由普選產生以後，香
港特別行政區立法會的選舉可以實行全部
議員由普選產生的辦法。全國人民代表大
會常務委員會根據《中華人民共和國香港
特別行政區基本法》的有關規定和《全國
人民代表大會常務委員會關於〈中華人民
共和國香港特別行政區基本法〉附件一第
七條和附件二第三條的解釋》決定如下：

一、　2012 年香港特別行政區第四任行政
　　　長官的選舉，不實行由普選產生的辦
　　　法。2012 年香港特別行政區第五屆
　　　立法會的選舉，不實行全部議員由普
　　　選產生的辦法，功能團體和分區直選
　　　產生的議員各佔半數的比例維持不
　　　變，立法會對法案、議案的表決程序
　　　維持不變。在此前提下，2012 年香
　　　港特別行政區第四任行政長官的具
　　　體產生辦法和 2012 年香港特別行政
　　　區第五屆立法會的具體產生辦法，可
　　　按照《中華人民共和國香港特別行政
　　　區基本法》第四十五條、第六十八條
　　　的規定和附件一第七條、附件二第三
　　　條的規定作出符合循序漸進原則的
　　　適當修改。

二、　在香港特別行政區行政長官實行普
　　　選前的適當時候，行政長官須按照香
　　　港基本法的有關規定和《全國人民代

表大會常務委員會關於〈中華人民共和國香港特別行政區基本法〉附件一第七條和附件二第三條的解釋》，就行政長官產生辦法的修改問題向全國人民代表大會常務委員會提出報告，由全國人民代表大會常務委員會確定。修改行政長官產生辦法的法案及其修正案，應由香港特別行政區政府向立法會提出，經立法會全體議員三分之二多數通過，行政長官同意，報全國人民代表大會常務委員會批准。

三、　在香港特別行政區立法會全部議員實行普選前的適當時候，行政長官須按照香港基本法的有關規定和《全國人民代表大會常務委員會關於〈中華人民共和國香港特別行政區基本法〉附件一第七條和附件二第三條的解釋》，就立法會產生辦法的修改問題以及立法會表決程序是否相應作出修改的問題向全國人民代表大會常務委員會提出報告，由全國人民代表大會常務委員會確定。修改立法會產生辦法和立法會法案、議案表決程序的法案及其修正案，應由香港特別行政區政府向立法會提出，經立法會全體議員三分之二多數通過，行政長官同意，報全國人民代表大會常務委員會備案。

四、　香港特別行政區行政長官的產生辦
法、立法會的產生辦法和法案、議案
表決程序如果未能依照法定程序作
出修改，行政長官的產生辦法繼續適
用上一任行政長官的產生辦法，立法
會的產生辦法和法案、議案表決程序
繼續適用上一屆立法會的產生辦法
和法案、議案表決程序。

會議認為，根據香港基本法第四十五條的
規定，在香港特別行政區行政長官實行普
選產生的辦法時，須組成一個有廣泛代表
性的提名委員會。提名委員會可參照香港
基本法附件一有關選舉委員會的現行規定
組成。提名委員會須按照民主程序提名產
生若干名行政長官候選人，由香港特別行
政區全體合資格選民普選產生行政長官人
選，報中央人民政府任命。

會議認為，經過香港特別行政區政府和香
港市民的共同努力，香港特別行政區的民
主制度一定能夠不斷向前發展，並按照香
港基本法和本決定的規定，實現行政長官
和立法會全部議員由普選產生的目標。

文件二十二

全國人民代表大會常務委員會關於
《中華人民共和國香港特別行政區基本
法》第十三條第一款和第十九條的解釋
(2011 年 8 月 26 日第十一屆全國人民代表
大會常務委員會第二十二次會議通過)

第十一屆全國人民代表大會常務委員會第
二十二次會議審議了委員長會議關於提請
審議《全國人民代表大會常務委員會關於
〈中華人民共和國香港特別行政區基本
法〉第十三條第一款和第十九條的解釋(草
案)》的議案。委員長會議的議案是應香港
特別行政區終審法院依據《中華人民共和
國香港特別行政區基本法》第一百五十八
條第三款的規定提請全國人民代表大會常
務委員會解釋《中華人民共和國香港特別
行政區基本法》有關規定的報告提出的。

香港特別行政區終審法院在審理一起與剛
果民主共和國有關的案件時，涉及香港特
別行政區是否應適用中央人民政府決定採
取的國家豁免規則或政策的問題。為此，
香港特別行政區終審法院依據《中華人民
共和國香港特別行政區基本法》第一百五
十八條第三款的規定，提請全國人民代表
大會常務委員會解釋如下問題："(1)根據
第十三條第一款的真正解釋，中央人民政

府是否有權力決定中華人民共和國的國家
豁免規則或政策；(2)如有此權力的話，根
據第十三條第一款和第十九條的真正解
釋，香港特別行政區('香港特區')(包括香
港特區的法院)是否：①有責任援用或實施
中央人民政府根據第十三條第一款所決定
的國家豁免規則或政策；或②反之，可隨
意偏離中央人民政府根據第十三條第一款
所決定的國家豁免規則或政策，並採取一
項不同的規則；(3)中央人民政府決定國家
豁免規則或政策是否屬於《基本法》第十
九條第三款第一句中所說的 '國防、外交
等國家行為'；以及(4)香港特區成立後，
第十三條第一款、第十九條和香港作為中
華人民共和國的特別行政區的地位，對香
港原有(即 1997 年 7 月 1 日之前)的有關國
家豁免的普通法(如果這些法律與中央人
民政府根據第十三條第一款所決定的國家
豁免規則或政策有牴觸)所帶來的影響，是
否令到這些普通法法律，須按照《基本法》
第八條和第一百六十條及於 1997 年 2 月
23 日根據第一百六十條作出的《全國人民
代表大會常務委員會的決定》的規定，在
適用時作出必要的變更、適應、限制或例
外，以確保關於這方面的普通法符合中央
人民政府所決定的國家豁免規則或政策。"
香港特別行政區終審法院上述提請解釋的
做法符合《中華人民共和國香港特別行政
區基本法》第一百五十八條第三款的規定。

根據《中華人民共和國憲法》第六十七條第(四)項和《中華人民共和國香港特別行政區基本法》第一百五十八條的規定，並徵詢全國人民代表大會常務委員會香港特別行政區基本法委員會的意見，全國人民代表大會常務委員會就香港特別行政區終審法院提請解釋的《中華人民共和國香港特別行政區基本法》第十三條第一款和第十九條的規定以及相關問題，作如下解釋：

一、　關於香港特別行政區終審法院提請解釋的第(1)個問題。依照《中華人民共和國憲法》第八十九條第(九)項的規定，國務院即中央人民政府行使管理國家對外事務的職權，國家豁免規則或政策屬於國家對外事務中的外交事務範疇，中央人民政府有權決定中華人民共和國的國家豁免規則或政策，在中華人民共和國領域內統一實施。基於上述，根據《中華人民共和國香港特別行政區基本法》第十三條第一款關於"中央人民政府負責管理與香港特別行政區有關的外交事務"的規定，管理與香港特別行政區有關的外交事務屬於中央人民政府的權力，中央人民政府有權決定在香港特別行政區適用的國家豁免規則或政策。

二、　關於香港特別行政區終審法院提請
　　　解釋的第(2)個問題。依照《中華人
　　　民共和國香港特別行政區基本法》第
　　　十三條第一款和本解釋第一條的規
　　　定，中央人民政府有權決定在香港特
　　　別行政區適用的國家豁免規則或政
　　　策；依照《中華人民共和國香港特別
　　　行政區基本法》第十九條和本解釋第
　　　三條的規定，香港特別行政區法院對
　　　中央人民政府決定國家豁免規則或
　　　政策的行為無管轄權。因此，香港特
　　　別行政區法院在審理案件時遇有外
　　　國國家及其財產管轄豁免和執行豁
　　　免問題，須適用和實施中央人民政府
　　　決定適用於香港特別行政區的國家
　　　豁免規則或政策。基於上述，根據《中
　　　華人民共和國香港特別行政區基本
　　　法》第十三條第一款和第十九條的規
　　　定，香港特別行政區，包括香港特別
　　　行政區法院，有責任適用或實施中央
　　　人民政府決定採取的國家豁免規則
　　　或政策，不得偏離上述規則或政策，
　　　也不得採取與上述規則或政策不同
　　　的規則。

三、　關於香港特別行政區終審法院提請
　　　解釋的第(3)個問題。國家豁免涉及
　　　一國法院對外國國家及其財產是否

擁有管轄權，外國國家及其財產在一
國法院是否享有豁免，直接關係到該
國的對外關係和國際權利與義務。因
此，決定國家豁免規則或政策是一種
涉及外交的國家行為。基於上述，《中
華人民共和國香港特別行政區基本
法》第十九條第三款規定的"國防、
外交等國家行為"包括中央人民政府
決定國家豁免規則或政策的行為。

四、 關於香港特別行政區終審法院提請
解釋的第(4)個問題。依照《中華人
民共和國香港特別行政區基本法》第
八條和第一百六十條的規定，香港原
有法律只有在不抵觸《中華人民共和
國香港特別行政區基本法》的情況下
才予以保留。根據《全國人民代表大
會常務委員會關於根據〈中華人民共
和國香港特別行政區基本法〉第一百
六十條處理香港原有法律的決定》第
四條的規定，採用為香港特別行政區
法律的香港原有法律，自 1997 年 7
月 1 日起，在適用時，應作出必要的
變更、適應、限制或例外，以符合中
華人民共和國對香港恢復行使主權
後香港的地位和《基本法》的有關規
定。香港特別行政區作為中華人民共
和國一個享有高度自治權的地方行
政區域，直轄於中央人民政府，必須

執行中央人民政府決定的國家豁免
規則或政策。香港原有法律中有關國
家豁免的規則必須符合上述規定才
能在 1997 年 7 月 1 日後繼續適用。
基於上述，根據《中華人民共和國香
港特別行政區基本法》第十三條第一
款和第十九條的規定，依照《全國人
民代表大會常務委員會關於根據〈中
華人民共和國香港特別行政區基本
法〉第一百六十條處理香港原有法律
的決定》採用為香港特別行政區法律
的香港原有法律中有關國家豁免的
規則，從 1997 年 7 月 1 日起，在適
用時，須作出必要的變更、適應、限
制或例外，以符合中央人民政府決定
採取的國家豁免規則或政策。

現予公告。

文件二十三

全國人民代表大會常務委員會關於香港特
別行政區行政長官普選問題和 2016 年立
法會產生辦法的決定（2014 年 8 月 31 日
第十二屆全國人民代表大會常務委員會第
十次會議通過）

第十二屆全國人民代表大會常務委員會第
十次會議審議了香港特別行政區行政長官

梁振英 2014 年 7 月 15 日提交的《關於香
港特別行政區 2017 年行政長官及 2016 年
立法會產生辦法是否需要修改的報告》,並
在審議中充分考慮了香港社會的有關意見
和建議。

會議指出,2007 年 12 月 29 日第十屆全國
人民代表大會常務委員會第三十一次會議
通過的《全國人民代表大會常務委員會關
於香港特別行政區 2012 年行政長官和立
法會產生辦法及有關普選問題的決定》規
定,2017 年香港特別行政區第五任行政長
官的選舉可以實行由普選產生的辦法;在
行政長官實行普選前的適當時候,行政長
官須按照香港基本法的有關規定和《全國
人民代表大會常務委員會關於〈中華人民
共和國香港特別行政區基本法〉附件一第
七條和附件二第三條的解釋》,就行政長官
產生辦法的修改問題向全國人民代表大會
常務委員會提出報告,由全國人民代表大
會常務委員會確定。2013 年 12 月 4 日至
2014 年 5 月 3 日,香港特別行政區政府就
2017 年行政長官產生辦法和 2016 年立法
會產生辦法進行了廣泛、深入的公眾諮詢。
諮詢過程中,香港社會普遍希望 2017 年實
現行政長官由普選產生,並就行政長官普
選辦法必須符合香港基本法和全國人大常
委會有關決定、行政長官必須由愛國愛港
人士擔任等重要原則形成了廣泛共識。對

於 2017 年行政長官普選辦法和 2016 年立法會產生辦法，香港社會提出了各種意見和建議。在此基礎上，香港特別行政區行政長官就 2017 年行政長官和 2016 年立法會產生辦法修改問題向全國人大常委會提出報告。會議認為，行政長官的報告符合香港基本法、全國人大常委會關於香港基本法附件一第七條和附件二第三條的解釋以及全國人大常委會有關決定的要求，全面、客觀地反映了公眾諮詢的情況，是一個積極、負責、務實的報告。

會議認為，實行行政長官普選，是香港民主發展的歷史性進步，也是香港特別行政區政治體制的重大變革，關係到香港長期繁榮穩定，關係到國家主權、安全和發展利益，必須審慎、穩步推進。香港特別行政區行政長官普選源於香港基本法第四十五條第二款的規定，即"行政長官的產生辦法根據香港特別行政區的實際情況和循序漸進的原則而規定，最終達至由一個有廣泛代表性的提名委員會按民主程序提名後普選產生的目標。"制定行政長官普選辦法，必須嚴格遵循香港基本法有關規定，符合"一國兩制"的原則，符合香港特別行政區的法律地位，兼顧社會各階層的利益，體現均衡參與，有利於資本主義經濟發展，循序漸進地發展適合香港實際情況的民主制度。鑒於香港社會對如何落實香

港基本法有關行政長官普選的規定存在較
大爭議，全國人大常委會對正確實施香港
基本法和決定行政長官產生辦法負有憲制
責任，有必要就行政長官普選辦法的一些
核心問題作出規定，以促進香港社會凝聚
共識，依法順利實現行政長官普選。

會議認為，按照香港基本法的規定，香港
特別行政區行政長官既要對香港特別行政
區負責，也要對中央人民政府負責，必須
堅持行政長官由愛國愛港人士擔任的原
則。這是"一國兩制"方針政策的基本要
求，是行政長官的法律地位和重要職責所
決定的，是保持香港長期繁榮穩定，維護
國家主權、安全和發展利益的客觀需要。
行政長官普選辦法必須為此提供相應的制
度保障。

會議認為，2012 年香港特別行政區第五屆
立法會產生辦法經過修改後，已經向擴大
民主的方向邁出了重大步伐。香港基本法
附件二規定的現行立法會產生辦法和表決
程序不作修改，2016 年第六屆立法會產生
辦法和表決程序繼續適用現行規定，符合
循序漸進地發展適合香港實際情況的民主
制度的原則，符合香港社會的多數意見，
也有利於香港社會各界集中精力優先處理
行政長官普選問題，從而為行政長官實行
普選後實現立法會全部議員由普選產生的

目標創造條件。

鑒此，全國人民代表大會常務委員會根據
《中華人民共和國香港特別行政區基本
法》、《全國人民代表大會常務委員會關於
〈中華人民共和國香港特別行政區基本
法〉附件一第七條和附件二第三條的解釋》
和《全國人民代表大會常務委員會關於香
港特別行政區 2012 年行政長官和立法會
產生辦法及有關普選問題的決定》的有關
規定，決定如下：

一、　從 2017 年開始，香港特別行政區行
　　　政長官選舉可以實行由普選產生的
　　　辦法。

二、　香港特別行政區行政長官選舉實行
　　　由普選產生的辦法時：

(一) 須組成一個有廣泛代表性的提名委員
　　　會。提名委員會的人數、構成和委員
　　　產生辦法按照第四任行政長官選舉委
　　　員會的人數、構成和委員產生辦法而
　　　規定。
(二) 提名委員會按民主程序提名產生二至
　　　三名行政長官候選人。每名候選人均
　　　須獲得提名委員會全體委員半數以上
　　　的支持。
(三) 香港特別行政區合資格選民均有行政

長官選舉權，依法從行政長官候選人中選出一名行政長官人選。

(四) 行政長官人選經普選產生後，由中央人民政府任命。

三、 行政長官普選的具體辦法依照法定程序通過修改《中華人民共和國香港特別行政區基本法》附件一《香港特別行政區行政長官的產生辦法》予以規定。修改法案及其修正案應由香港特別行政區政府根據香港基本法和本決定的規定，向香港特別行政區立法會提出，經立法會全體議員三分之二多數通過，行政長官同意，報全國人民代表大會常務委員會批准。

四、 如行政長官普選的具體辦法未能經法定程序獲得通過，行政長官的選舉繼續適用上一任行政長官的產生辦法。

五、 香港基本法附件二關於立法會產生辦法和表決程序的現行規定不作修改，2016 年香港特別行政區第六屆立法會產生辦法和表決程序，繼續適用第五屆立法會產生辦法和法案、議案表決程序。在行政長官由普選產生以後，香港特別行政區立法會的選舉可以實行全部議員由普選產生的辦法。在立法會實行普選前的適當時候，由普選產生的行政長官按照香港基本法的有關規定和《全國人民代表大會常務委員會關於〈中華人民共和國香港特別行政區基本法〉附件一第七條和附件二第三條的解釋》，就立法會產生辦法的修改問題向全國人民代表大會常務委員會提出報告，由全國人民代表大會常務委員會確定。

會議強調，堅定不移地貫徹落實"一國兩制"、"港人治港"、高度自治方針政策，嚴格按照香港基本法辦事，穩步推進 2017 年行政長官由普選產生，是中央的一貫立場。希望香港特別行政區政府和香港社會各界依照香港基本法和本決定的規定，共同努力,達至行政長官由普選產生的目標。

文件二十四

關於《全國人民代表大會常務委員會關於香港特別行政區行政長官普選問題和 2016 年立法會產生辦法的決定（草案）》的說明(2014 年 8 月 27 日在第十二屆全國人民代表大會常務委員會第十次會議上)

全國人大常委會副秘書長　李飛

全國人民代表大會常務委員會：

我受委員長會議的委託，現對《全國人民
代表大會常務委員會關於香港特別行政區
行政長官普選問題和 2016 年立法會產生
辦法的決定（草案）》作說明。

依照《中華人民共和國香港特別行政區基
本法》（以下簡稱"香港基本法"）的規定
和《全國人民代表大會常務委員會關於〈中
華人民共和國香港特別行政區基本法〉附
件一第七條和附件二第三條的解釋》，2014
年 7 月 15 日，香港特別行政區行政長官梁
振英向全國人大常委會提交了《關於香港
特別行政區 2017 年行政長官及 2016 年立
法會產生辦法是否需要修改的報告》（以下
簡稱"行政長官報告"）。8 月 18 日，委員
長會議決定將審議行政長官報告列入十二
屆全國人大常委會第十次會議議程，並委
託中央有關部門負責人聽取了香港特別行
政區全國人大代表、全國政協委員、全國
人大常委會香港特別行政區基本法委員會
香港委員和香港各界人士的意見，同時徵
求了國務院港澳事務辦公室的意見。8 月
26 日，常委會分組審議了行政長官報告。

常委會組成人員指出，香港基本法第四十
五條第二款規定："行政長官的產生辦法根
據香港特別行政區的實際情況和循序漸進
的原則而規定，最終達至由一個有廣泛代

表性的提名委員會按民主程序提名後普選
產生的目標。"2007 年 12 月 29 日通過的
《全國人民代表大會常務委員會關於香港
特別行政區 2012 年行政長官和立法會產
生辦法及有關普選問題的決定》明確提出：
"2017 年香港特別行政區第五任行政長
官的選舉可以實行由普選產生的辦法；在
行政長官由普選產生以後，香港特別行政
區立法會的選舉可以實行全部議員由普選
產生的辦法。"該決定還重申了香港基本法
及其解釋的有關規定，即在行政長官實行
普選前的適當時候，行政長官須就行政長
官產生辦法的修改問題向全國人大常委會
提出報告，由全國人大常委會確定。常委
會組成人員認為，隨著 2017 年的臨近，現
在需要就 2017 年行政長官產生辦法和
2016 年立法會產生辦法有關問題作出決
定。行政長官向全國人大常委會提交有關
報告，是必要的，也是及時的。行政長官
報告全面、客觀地反映了香港社會有關行
政長官普選辦法和 2016 年立法會產生辦
法的意見和訴求，既反映了共識，也反映
了分歧，是一個積極、負責、務實的報告。

常委會組成人員認為，香港特別行政區實
行行政長官普選，是香港民主發展的歷史
性進步，也是香港特別行政區政治體制的
重大變革，關係到香港長期繁榮穩定，關
係到國家主權、安全和發展利益，必須審

慎、穩步推進，防範可能帶來的各種風險。
香港特別行政區行政長官普選源於香港基
本法的規定，制定行政長官普選辦法，必
須嚴格遵循香港基本法有關規定，符合"一
國兩制"的原則，符合香港特別行政區的
法律地位，兼顧社會各階層利益，體現均
衡參與，有利於資本主義經濟發展，循序
漸進地發展適合香港實際情況的民主制
度。常委會組成人員認為，中央在制定對
香港基本方針政策時就明確提出了"港人
治港"的界線和標準，就是必須由以愛國
者為主體的港人來治理香港。根據香港基
本法的規定，香港特別行政區行政長官既
是香港特別行政區的首長，也是香港特別
行政區政府的首長；既要對香港特別行政
區負責，也要對中央人民政府負責；必須
宣誓擁護中華人民共和國香港特別行政區
基本法，效忠中華人民共和國香港特別行
政區。因此，香港特別行政區行政長官必
須由愛國愛港人士擔任，是"一國兩制"
方針政策的基本要求，是香港基本法規定
的行政長官的法律地位和重要職責所決定
的，是保持香港長期繁榮穩定，維護國家
主權、安全和發展利益的客觀需要。行政
長官普選辦法必須為此提供相應的制度保
障。

常委會組成人員認為，回歸十七年來，香
港社會仍然有少數人對"一國兩制"方針

政策缺乏正確認識，不遵守香港基本法，不認同中央政府對香港的管治權。在行政長官普選問題上，香港社會存在較大爭議，少數人甚至提出違反香港基本法的主張，公然煽動違法活動。這種情況勢必損害香港特別行政區的法治，損害廣大香港居民和各國投資者的利益，損害香港的長期繁榮穩定，必須予以高度關注。常委會組成人員認為，全國人大常委會對正確實施香港基本法和決定行政長官產生辦法負有憲制責任，有必要就行政長官普選辦法的一些核心問題作出規定，促進香港社會凝聚共識，確保行政長官普選在香港基本法和全國人大常委會有關決定規定的正確軌道上進行。

國務院港澳事務辦公室認為，儘管香港社會在行政長官普選的具體辦法問題上仍存在較大分歧，但社會各界普遍希望 2017 年行政長官由普選產生。為此，根據 2007 年 12 月 29 日全國人大常委會的有關決定，可同意 2017 年香港特別行政區行政長官選舉實行由普選產生的辦法，同時需要對行政長官普選辦法的核心問題作出必要規定，以利於香港社會進一步形成共識。2016 年立法會產生辦法可不作修改。

根據香港基本法的規定和常委會組成人員對行政長官報告的審議意見，並認真考慮了國務院港澳事務辦公室的意見和行政長官報告提出的意見，委員長會議提出了《全國人民代表大會常務委員會關於香港特別行政區行政長官普選問題和 2016 年立法會產生辦法的決定（草案）》，現就草案的內容說明如下：

一、　關於從 2017 年開始行政長官可以由普選產生

根據香港基本法和 2007 年 12 月 29 日全國人大常委會的有關決定以及常委會組成人員的審議意見，草案第一條規定："從 2017 年開始，香港特別行政區行政長官選舉可以實行由普選產生的辦法。"這一條規定的主要考慮是：

第一，草案採用"從 2017 年開始，香港特別行政區行政長官選舉可以實行由普選產生的辦法"的表述，表明 2017 年第五任行政長官及以後各任行政長官都可以實行由普選產生的辦法。

第二，香港基本法第四十五條規定，行政長官產生辦法最終要達至由普選產生的目標。2007 年 12 月 29 日全國人大常委會的有關決定進一步提出："2017 年香港特別行政區第五任行政長官的選舉可以實行由普選產生的辦法，草案第一條的規定，明

確了 2017 年及以後各任行政長官可以實行由普選產生的辦法，符合香港基本法和全國人大常委會上述決定。

第三，香港社會對行政長官普選問題已經討論多年，形成了四點共識，即：香港社會普遍期望 2017 年落實普選行政長官；普遍認同按照香港基本法和全國人大常委會的相關解釋及決定制定行政長官普選辦法；普遍認同成功落實行政長官普選對保持香港的發展及長期繁榮穩定有正面作用；普遍認同行政長官人選必須愛國愛港。從 2017 年開始，行政長官選舉採用普選的辦法，符合香港社會的共同意願。

二、 關於行政長官普選制度核心問題的規定

香港基本法第四十五條對行政長官普選已經作出比較明確的規定。根據香港基本法和常委會組成人員的審議意見以及其他方面的意見，草案第二條對行政長官普選制度核心問題作了以下規定：

(一) 關於提名委員會的組成。草案第二條第一項規定："提名委員會的人數、構成和委員產生辦法按照第四任行政長官選舉委員會的人數、構成和委員產生辦法而規定。"按照這一規定，將來

香港基本法附件一修正案規定的提名委員會應沿用目前選舉委員會由1200人、四大界別同等比例組成的辦法，並維持香港基本法附件一現行有關委員產生辦法的規定。這一規定的主要考慮是：

第一，從香港基本法立法原意看，香港基本法第四十五條第二款規定的有"廣泛代表性"的提名委員會，其"廣泛代表性"的內涵與香港基本法附件一規定的選舉委員會的"廣泛代表性"的內涵是一致的，即由四個界別同等比例組成，各界別的劃分，以及每個界別中何種組織可以產生委員的名額，由香港特別行政區制定選舉法加以規定，各界別法定團體根據法定的分配名額和選舉辦法自行選出委員。2007年12月29日全國人大常委會的有關決定中關於"提名委員會可參照香港基本法附件一有關選舉委員會的現行規定組成"的規定，指明瞭提名委員會與選舉委員會在組成上的一致關係。鑒於香港社會對這個問題仍存在不同認識，為正確貫徹落實香港基本法的規定，有必要作進一步明確。

第二，行政長官選舉委員會的組成辦法是香港基本法起草時經過廣泛諮詢和討論所形成的共識。香港回歸以來行政長官的選舉實踐證明，選舉委員會能夠涵蓋香港社

會各方面有代表性的人士，體現了社會各
階層、各界別的均衡參與，符合香港的實
際情況。提名委員會按照目前的選舉委員
會組建，既是香港基本法有關規定的要求，
也是行政長官普選時體現均衡參與、防範
各種風險的客觀需要。

第三，香港社會較多意見認同提名委員會
應參照目前的選舉委員會的組成方式組
成，有不少意見認為提名委員會的人數、
構成和委員產生辦法等方面應採用目前選
舉委員會的規定。考慮到有關第四任行政
長官選舉委員會的規定是 2010 年修改行
政長官產生辦法時作出的，並經全國人大
常委會批准，委員總數已從 800 人增加到
1200 人，四個界別同比例增加，獲得各方
面的認同和支持，提名委員會按照這一選
舉委員會的人數、構成和委員產生辦法作
出規定比較適當。

(二) 關於行政長官候選人的人數。草案第
　　二條第二項規定："提名委員會按民主
　　程序提名產生二至三名行政長官候選
　　人。"這一規定的主要考慮是：

第一，行政長官候選人人數規定為二至三
名，可以確保選舉有真正的競爭，選民有
真正的選擇，並可以避免因候選人過多造
成選舉程序複雜、選舉成本高昂等問題。

第二，香港回歸以來舉行的行政長官選舉中，各次選舉幾乎都是在二至三名候選人之間競選。確定二至三名候選人比較符合香港的選舉實踐。

(三) 關於行政長官候選人須獲得提名委員會過半數支持。草案第二條第二項規定："每名候選人均須獲得提名委員會全體委員半數以上的支持。"這一規定的主要考慮是：

第一，香港基本法規定的提名委員會是一個專門的提名機構，提名委員會行使提名行政長官候選人的權力，是作為一個機構整體行使權力，必須體現機構的集體意志。香港基本法第四十五條第二款規定的"民主程序"應當貫徹少數服從多數的民主原則，以體現提名委員會集體行使權力的要求。因此，規定行政長官候選人必須獲得提名委員會委員過半數支持是適當的。

第二，提名委員會將由四大界別同比例組成，規定候選人必須獲得提名委員會委員過半數支持，候選人就需要在提名委員會不同界別中均獲得一定的支持，有利於體現均衡參與原則，兼顧香港社會各階層利益。

第三，行政長官報告表明，香港社會有不少意見認同行政長官候選人需要獲得提名委員會委員一定比例的支持。全國人大常委會辦公廳聽取的意見中，有不少人建議對這個比例作出明確規定。為此，進一步明確行政長官候選人須獲得提名委員會委員過半數支持，符合香港基本法的規定，有助於促進香港社會凝聚共識。

(四) 關於行政長官選舉的投票辦法。香港基本法第二十六條規定："香港特別行政區永久性居民依法享有選舉權和被選舉權"，據此，草案第二條第三項規定："香港特別行政區合資格選民均有行政長官選舉權，依法從行政長官候選人中選出一名行政長官人選。"根據這一規定，全體合資格選民將人人有權直接參與選舉行政長官，體現了選舉權普及而平等的原則，是香港民主發展的歷史性進步。

(五) 關於行政長官的任命。香港基本法第四十五條第一款規定："香港特別行政區行政長官在當地通過選舉或協商產生，由中央人民政府任命。"據此，草案第二條第四項規定："行政長官人選經普選產生後，由中央人民政府任命。"中央在制定對香港基本方針政策和香港基本法時就已明確指出，中央人民政府的任命權是實質性的。對在香港當地選舉產生的行政長官人選，中央人民政府具有任命和不任命的最終決定權。

三、關於行政長官產生辦法修正案的提出

在香港基本法中，行政長官的具體產生辦法由附件一加以規定。修改行政長官產生辦法，需要根據全國人大常委會的有關決定，由香港特別行政區政府提出有關修改行政長官產生辦法的法案及其修正案。據此，草案第三條規定："行政長官普選的具體辦法依照法定程序通過修改《中華人民共和國香港特別行政區基本法》附件一'香港特別行政區行政長官的產生辦法'予以規定。修改法案及其修正案應由香港特別行政區政府根據香港基本法和本決定的規定，向香港特別行政區立法會提出，經立法會全體議員三分之二多數通過，行政長官同意，報全國人民代表大會常務委員會批准。"

四、關於行政長官產生辦法如果不作修改繼續適用現行規定的問題

根據 2004 年全國人大常委會解釋的規定，行政長官的產生辦法、立法會的產生辦法和法案、議案的表決程序如果不作修改，

仍適用原來兩個產生辦法和法案、議案表決程序的規定。2007年全國人大常委會在關於香港特別行政區2012年行政長官和立法會產生辦法及有關普選問題的決定中重申了上述內容。據此，草案第四條規定："如行政長官普選的具體辦法未能經法定程序獲得通過，行政長官的選舉繼續適用上一任行政長官的產生辦法。"

五、關於2016年立法會產生辦法修改問題

行政長官報告提出，香港社會普遍認同目前應集中精力處理好普選行政長官的辦法；由於2012年立法會產生辦法已作較大變動，普遍認同就2016年立法會產生辦法毋須對基本法附件二作修改。常委會組成人員審議認為，2012年香港特別行政區第五屆立法會產生辦法經過修改後已經向擴大民主的方向邁出了重大步伐，香港基本法附件二規定的現行立法會產生辦法和表決程序不作修改，即2016年第六屆立法會產生辦法和表決程序繼續適用現行規定，符合循序漸進地發展適合香港實際情況的民主制度的原則，符合香港社會的多數意見，也有利於社會各界集中精力優先處理行政長官普選問題，並為在行政長官實行普選後實現立法會全部議員由普選產生的目標創造條件。根據常委會組成人員的審議意見和各方面的意見，草案第五條規定：

"香港基本法附件二關於立法會產生辦法和表決程序的現行規定不作修改，2016 年香港特別行政區第六屆立法會產生辦法和表決程序，繼續適用第五屆立法會產生辦法和法案、議案表決程序。"為了體現中央堅定不移地發展香港民主制度的一貫立場，推動實現立法會全部議員由普選產生的目標，該條還規定："在行政長官由普選產生以後，香港特別行政區立法會的選舉可以實行全部議員由普選產生的辦法。在立法會實行普選前的適當時候，由普選產生的行政長官按照香港基本法的有關規定和《全國人民代表大會常務委員會關於〈中華人民共和國香港特別行政區基本法〉附件一第七條和附件二第三條的解釋》，就立法會產生辦法的修改問題向全國人民代表大會常務委員會提出報告，由全國人民代表大會常務委員會確定。"

《全國人民代表大會常務委員會關於香港特別行政區行政長官普選問題和 2016 年立法會產生辦法的決定（草案）》和以上說明是否妥當，請審議。

基本法模擬測試

香港政府在招聘公務員的時候，會測試應徵者的《基本法》知識。基本法測試的成績會用作評核應徵者整體表現的其中一個考慮因素。

測試基本法的方式，會因應不同公務員職位的學歷要求而訂定，可以透過筆試或面試測試應徵者對《基本法》的認識，並包括所有附件及夾附的資料。

學位或專業程度公務員職位的基本法測試是由公務員事務局舉辦，是一張設有中英文版本的選擇題形式試卷，全卷共 15 題，考生須於 20 分鐘內完成作答。

基本法測試並無設定及格分數，滿分為 100 分。公務員事務局會通知個別考生其基本法測試的成績，有關成績永久有效，並可用於申請學位或專業程度的公務員職位，或學歷要求於中五程度或以上，但低於學位程度的公務員職位。

學歷要求於中五程度或以上，但低於學位

程度註的公務員職位，如在招聘程序中設有筆試，有關的招聘部門會在進行筆試時加入基本法測試。若在招聘程序中不設筆試的職系，有關的招聘部門則會於遴選面試前或後安排基本法測試。

這類的基本法測試亦是一張設有 15 題中英文版本的選擇題形式試卷，但考生有 25 分鐘作答時間。同樣地，這類基本法測試並無設定及格分數，滿分為 100 分，有關的招聘部門會於考試後四星期內通知應徵者其基本法測試的成績，而有關成績亦會永久有效，可用於申請其他學歷要求於中五程度或以上，但低於學位程度的公務員職位。應徵者亦可選擇將來於報考其他職位時，再次參加另一次基本法測試，而測試成績會以最近期的一次為準。

至於學歷要求低於中五程度的公務員職位空缺，有關的招聘部門會在遴選面試中作口頭提問，以測試應徵者對基本法的認識。而只會在兩位應徵者的整體表現相若時，有關的招聘部門才會參考應徵者在基本法測試中的表現來做招聘決定。

以下的模擬測試是按照學位或專業程度公務員職位的基本法測試的要求來制定的，所以限時是 20 分鐘，但投考學歷要求於中五程度或以上，但低於學位程度註的公務員職位亦可以利用它們來作訓練，只需要把時限定為 25 分鐘即可。

模擬測試一

1. 根據《基本法》第四十四條，香港特別行政區行政長官必須是年滿_____的中國公民。

A 三十五周歲
B 四十周歲
C 四十五周歲
D 五十周歲

2. 根據《基本法》第七十八條，香港特別行政區立法會議員

A 在出席會議時有特別津貼
B 在赴會旅途有交通津貼
C 出席會議時和赴會途中發言不受刑責
D 在出席會議時和赴會途中不受逮捕

3. 根據《基本法》第一百條，香港特別行政區成立前在香港政府各部門，包括警察部門任職的公務人員均可留用，其年資予以保留，薪金、津貼、福利待遇和服務條件不低於_____的標準。

A 市場
B 英國
C 原來
D 國際

4. 根據《基本法》第五十六條，香港特別
   行年區行政會議由
   A　立法會主席主持
   B　行政會議召集人主持
   C　行政長官主持
   D　鄉議局主席主持

5. 根據《基本法》第一條，香港特別行政
   區和中華人民共和國的關係是，香港是
   中國＿＿＿＿＿＿＿＿＿＿＿：
   A　的一個資本主意城市
   B　的一個特別行政區
   C　的一個直轄部市
   D　不可分離的部分

6. 根據《基本法》第二十四條，香港特別
   行政區居民，簡稱香港居民，包括永久
   性居民和非永久性居民。
   非永久性居民為：有資格依照香港特別
   行政區法律取得香港居民身份證，但
   ＿＿＿＿＿＿＿＿＿＿。
   A　沒有選舉權的人
   B　沒有權接受免費教育的人
   C　沒有居留權的人
   D　沒有參選權的人

7. 根據《基本法》第十九條，香港特別行
   政區享有獨立的＿＿＿＿＿＿＿＿權。

A 國防和終審

B 司法和國防

C 國防和外交

D 司法和終審

8. 根據《基本法》第二十五條，＿＿＿＿＿＿
   在法律面前一律平等。

A 香港永久性居民

B 香港非永久性居民

C 中國公民

D 香港居民

9. 根據《基本法》第五十條，香港特別行
   政區行政長官如拒絕簽署立法會再次
   通過的法案或立法會拒絕通過政府提
   出的財政預算案或其他重要法案，經協
   商仍不能取得一致意見，

A 行政長官可尋求行政會議的意見

B 行政長官可解散立法會

C 立法會可以罷免行政長官

D 立法會主席可解散立法會

10. 根據《基本法》第六十四條，香港特別
行政區政府必須定期向立法會_____。
A 作財政報告
B 作徵稅報告
C 作公共開支報告
D 作施政報告

11. 根據《基本法》第三十六條，香港居民
有依法享受社會福利的權利。勞工的福
利待遇和_____受法律保護。
A 退休保障
B 就業保障
C 工傷保障
D 生活保障

12. 根據《基本法》第一百四十二條，在香
港特別行政區成立前已取得專業和執
業資格者，可依據有關規定和專業守則
保留原有的資格。香港特別行政區政府
可根據_____，
承認新的專業和專業團體。
A 社會發展需要並諮詢勞工處的意見
B 就業需要並諮詢立法會的意見
C 社會發展需要並諮詢有關方面的意見
D 就業需要並諮詢有關方面的意見

13. 根據《基本法》第九十六條，香港特別行政區政府在一些情況下可與外國就司法互助關係作出適當安排，下列哪項<u>不是</u>其中之一？

A 在聯合國協助或授權下
B 在中央人民政府協助或授權下
C 在行政長官及全體立法會議員贊成下
D 在立法會和行政會議贊成下

14. 根據《基本法》第七十五條，香港特別行政區立法會舉行會議的法定人數為不少於全體議員的_____。

A 二分之一
B 三分之二
C 四分之三
D 五分之四

15. 根據《基本法》第一百三十六條，社會團體和私人可_____在香港特別行政區興辦各種教育事業。

A 繳費
B 自由
C 合資
D 依法

模擬測試一答案

1. B	2. C	3. C	4. C	5. D
6. C	7. D	8. D	9. B	10. D
11. A	12. C	13. B	14. A	15. D

註釋：

2. 香港特別行政區立法會議員只是在立
   法會的會議上發言不受法律追究，但不
   包括赴會旅途上的發言(參考《基本法》
   第七十七條)。

模擬測試二

1. 根據《基本法》第四十六條，香港特別
   行政區行政長官任期為＿＿＿＿＿，可被連
   任＿＿＿＿。
A 四年，一次
B 四年，兩次
C 五年，一次
D 五年，兩次

2. 根據《基本法》，行政長官產生的具體
   辦法由＿＿＿＿＿＿＿＿＿＿規定。
A 第四十四條
B 第四十五條
C 附件一
D 附件二

3. 根據《基本法》第九條，香港特別行政
   區的＿＿＿＿＿＿＿＿＿＿＿＿＿＿，除使用中文外，
   還可使用英文，英文也是正式語文。
A 立法機關、司法機關和執法機關
B 立法機關、司法機關和醫療機關
C 行政機關、立法機關和教育機關
D 行政機關、立法機關和司法機關

4. 根據《基本法》第一百零八條，香港特別行政區實行_____的稅收制度。

A 纍進
B 獨立
C 偏低
D 公平

5. 根據《基本法》第七條，香港特別行政區境內的土地和自然資源屬於國家所有，其收入全歸_____支配。

A 香港特別行政區政府
B 中央人民政府
C 中央人民政府和香港特別行政區政府
D 中華人民共和國國務院港澳事務辦公室

6. 根據《基本法》第十四條，中央人民政府負責管理香港特別行政區的防務。駐軍費用由_____負擔。

A 香港特別行政區政府
B 中央人民政府
C 中央人民政府和香港特別行政區共同
D 中華人民共和國國務院港澳事務辦公室

7. 根據《基本法》第九十九條，在香港特
別行政區政府各部門任職的公務人員
必須是＿＿＿＿＿＿＿＿＿＿＿＿＿＿。
A 中華人民共和國公民
B 香港特別行政區居民
C 香港特別行政區永久性居民
D 香港特別行政區非永久性居民

8. 根據《基本法》第二條，全國人民代表
大會授權香港特別行政區依照本法的
規定實行高度自治，享有獨立的＿＿＿＿＿。
A 自治權和司法權
B 自治權和立法權
C 自治權和終審權
D 司法權和終審權

9. 根據《基本法》第一百二十九條，香港
特別行政區繼續實行原在香港實行的
民用航空管理制度，並按＿＿＿＿＿＿＿＿＿＿
關於飛機國籍標誌和登記標誌的規
定，設置自己的飛機登記冊。
A 中央人民政府
B 國際航空運輸協會
C 香港特別行政區
D 國際民用航空組織

10. 根據《基本法》第一百一十三條，香港
特別行政區的外匯基金，由香港特別行
政區政府管理和支配，主要用於 _____。
A 調節人民幣匯價
B 調節港元匯價
C 香港社會建設
D 香港外匯投資

11. 根據《基本法》第一百二十三條，香港
特別行政區成立以後滿期而沒有續期
權利的土地契約，由 _____
處理。
A 中央人民政府
B 中央人民政府和香港特別行政區共同
C 香港特別行政區自行制定法律和政策
D 中華人民共和國國務院港澳事務辦公
室

12. 根據《基本法》第二十六條，香港特別
行政區永久性居民依法享有選舉權和
A 免費教育權
B 免費醫療權
C 人身自由權
D 被選舉權

13. 根據《基本法》第八十三條，香港特別行政區各級法院的組織和職權由 _____ 規定。

A 立法會

B 法律

C 行政長官

D 終審法院首席法官

14. 根據《基本法》第一百二十六條，除 _____ 船隻進入香港特別行政區須經中央人民政府特別許可外，其他船舶可根據香港特別行政區法律進出其港口。

A 萬噸級

B 外國

C 軍用

D 外國軍用

15. 根據《基本法》第一百五十八條，基本法的解釋權屬於 _____。

A 中央人民政府

B 中華人民共和國國務院港澳事務辦公室

C 全國人民代表大會常務委員會

D 香港特別行政區終審法院

模擬測試二答案

1. C   2. C   3. D   4. B   5. A
6. B   7. C   8. D   9. A   10. B
11. C   12. D   13. B   14. D   15. C

註釋：

7. 《基本法》第一百零一條對外籍公務人員另有規定者或法律規定某一職級以下者不在此限。

模擬測試三

1. 根據《基本法》第四十八條，下列哪一項<u>不是</u>香港特別行政區行政長官行使的職權？
A 領導香港特別行政區政府
B 決定政府政策和發布行政命令
C 代表香港特別行政區政府處理對外事務和其他事務
D 處理請願、申訴事項

2. 根據《基本法》第七十一條，香港特別行政區立法會主席由年滿____周歲，在香港通常居住連續滿____年並在外國無居留權的香港特別行政區永久性居民中的中國公民擔任。
A 四十、十五
B 四十五、十五
C 四十、二十
D 四十五、二十

3. 根據《基本法》第六條，香港特別行政區依法保護_____。
A 言論自由權
B 私有財產權
C 私隱權
D 人身自由權

4. 根據《基本法》第八十一條，香港特別
   行政區設立高等法院，高等法院設上訴
   法庭和_____法庭。

A 終審

B 區域

C 裁判署

D 原訟

5. 根據《基本法》第八條，香港原有法律，
   即普通法、衡平法、條例、附屬立法和
   習慣法，除_____或經香港特
   別行政區的立法機關作出修改者外，予
   以保留。

A 同基本法相抵觸

B 同英國皇室有關

C 同中華人民共和國憲法相抵觸

D 同中英聯合聲明相抵觸

6. 根據《基本法》第三十一條，有效旅行
   證件的持有人，除非_____，
   可自由離開香港特別行政區，無需特別
   批准。

A 移居其他國家和地區

B 受到法律制止

C 參選立法會

D 身為局長級以上的公務員

7. 根據《基本法》第一百五十九條，香港特別行政區對基本法的修改議案，須經最少_____香港特別行政區的全國人民代表大會代表、最少_____香港特別行政區立法會全體議員和香港特別行政區行政長官同意後，交由香港特別行政區出席全國人民代表大會的代表團向全國人民代表大會提出。

A 二分之一、三分之二
B 三分之二、二分之一
C 三分之二、三分之二
D 四分之三、四分之三

8. 根據《基本法》第六十三條，香港特別行政區律政司主管刑事檢察工作，不受_____。

A 任何責任
B 政黨影響
C 行政長官規管
D 任何干涉

9. 根據《基本法》第二十二條，中國其他地區的人進入香港特別行政區須_____。

A 申請香港特別行政區護照
B 辦理批准手續
C 申請中華人民共和國護照
D 辦理無犯罪證明

10. 根據《基本法》第九十四條，香港特別
行政區政府可參照＿＿＿＿＿＿＿＿，作出
有關當地和外來的律師在香港特別行
政區工作和執業的規定。

A 英國實行的辦法

B 普通法地區實行的辦法

C 原在香港實行的辦法

D 聯合國實行的辦法

11. 根據《基本法》第八十二條，香港特別
行政區的終審權屬於香港特別行政區
終審法院。終審法院可根據需要邀請
＿＿＿＿＿＿＿＿＿＿＿參加審判。

A 其他地區的律師

B 其他地區的法官

C 其他普通法適用地區的律師

D 其他普通法適用地區的法官

12. 根據《基本法》第三十三條，香港居民
有選擇＿＿＿＿＿＿的自由。

A 配偶

B 職業

C 住址

D 食物

13. 根據《基本法》第一百五十一條，香港特別行政區可以"中國香港"的名義，單獨地同世界各國、各地區及有關國際組織在該領域保持和發展關係，簽訂和履行有關協議。下列哪項<u>不是</u>其中之一？

A 航運
B 旅遊
C 國防
D 貿易

14. 根據《基本法》附件三，某些全國性法律自一九九七年七月一日起由香港特別行政區在當地公布或立法實施，下列哪項<u>不是</u>其中之一？

A 中華人民共和國憲法
B 中華人民共和國國籍法
C 中華人民共和國外交特權與豁免條例
D 中華人民共和國政府關於領海的聲明

15. 根據《基本法》第一百零七條，香港特別行政區的財政預算以_____為原則。

A 刺激經濟
B 扶貧
C 避免過多盈餘
D 量入為出

模擬測試三答案

1. C	2. C	3. B	4. D	5. A
6. B	7. C	8. D	9. B	10. C
11. D	12. B	13. C	14. A	15. D

註釋：

1. 香港特別行政區行政長官行使的職權只可以代表香港特別行政區政府處理<u>中央授權的</u>對外事務和其他事務。

模擬測試四

1. 《基本法》＿＿＿＿＿＿＿＿規定了香港特別
   行政區立法會的產生辦法和表決程序
   A 第十四條
   B 第二十六條
   C 附件一
   D 附件二

2. 根據《基本法》第六十八條，香港特別
   行政區立法會由選舉產生，具體辦法和
   法案、議案的表決程序由＿＿＿＿＿＿規定。
   A 附件一
   B 附件二
   C 附件三
   D 第一百五十四條

3. 根據《基本法》第五條，香港特別行政
   區不實行社會主義制度和政策，保持原
   有的資本主義制度和＿＿＿＿＿＿＿，五十年
   不變。
   A 普通法制度
   B 賽馬制度
   C 公屋制度
   D 生活方式

4. 根據《基本法》第十一條，香港特別行
政區立法機關制定的任何法律，均不得
同本法相抵觸。

A 國際法

B 普通法

C 基本法

D 中華人民共和國憲法

5. 根據《基本法》第一百零九條，香港特
別行政區政府提供適當的經濟和法律
環境，以保持香港的＿＿＿＿＿＿＿＿地位。

A 國際金融中心

B 東方之珠

C 國際貨運中心

D 國際貿易城市

6. 根據《基本法》第十七條，香港特別行
政區的立法機關制定的法律須報
＿＿＿＿＿＿＿＿＿＿備案。

A 中央人民政府

B 全國人民代表大會常務委員會

C 中國人民政治協商會議

D 中華人民共和國國務院港澳事務辦公
室

7. 《基本法》第七十二條訂立香港特別行政區立法會主席行使的職權，下列哪項<u>不是</u>其中之一？

A 決定議程，政府提出的議案須優先列入議程

B 決定開會時間

C 批准稅收和公共開支

D 應行政長官的要求召開緊急會議

8. 根據《基本法》第一百五十七條，外國在香港特別行政區設立領事機構或其他官方、半官方機構，須經＿＿＿＿＿＿＿批准。

A 香港特別行政區行政長官

B 中央人民政府

C 中國人民政治協商會議

D 中華人民共和國國務院港澳事務辦公室

9. 根據《基本法》第一百四十一條，香港特別行政區政府不限制宗教信仰自由，不干預宗教組織的＿＿＿＿＿＿＿。

A 籌款事務

B 公共事務

C 傳道事務

D 內部事務

10. 根據《基本法》第三條，香港特別行政區的行政機關和立法機關由＿＿＿＿＿＿依照本法有關規定組成。

A 香港居民

B 香港外籍居民

C 香港永久性居民

D 香港非永久性居民

11. 根據《基本法》第八十五條，香港特別行政區法院獨立進行審判，不受任何干涉，司法人員履行審判職責的行為不受＿＿＿＿＿＿＿＿。

A 法律追究

B 任何保障

C 民事追究

D 刑事追究

12. 根據《基本法》第一百四十八條，香港特別行政區的教育、科學、技術、文化、藝術、體育、專業、醫療衛生、勞工、社會福利、社會工作等方面的民間團體和宗教組織同內地相應的團體和組織的關係，應以＿＿＿＿＿＿的原則為基礎。

A 互相干涉

B 互不隸屬

C 互不尊重

D 互相競爭

13. 根據《基本法》第二十條，香港特別行政區可享有若干部門授予的其他權力，除了：
A 中央人民政府
B 中國人民政治協商會議
C 全國人民代表大會
D 全國人民代表大會常務委員會

14. 根據《基本法》第一百零四條，香港特別行政區行政長官、主要官員、行政會議成員、立法會議員、各級法院法官和其他司法人員在就職時必須依法宣誓擁護_____。
A 中央人民政府
B 中華人民共和國國務院港澳事務辦公室
C 一國兩制
D 中華人民共和國香港特別行政區基本法

15. 根據《基本法》第一百零一條，某些職級的官員必須由在外國無居留權的香港特別行政區永久性居民中的中國公民擔任，下列哪項不是其中之一？
A 警務處處長
B 海關關長
C 消防處處長
D 入境事務處處長

模擬測試四答案

1. D	2. B	3. D	4. C	5. A
6. B	7. C	8. B	9. D	10. C
11. A	12. B	13. B	14. D	15. C

註釋：

7. 批准稅收和公共開支是全體立法會行使的職權，並不是立法會主席一人的職權(請參考《基本法》第七十三條)

14. 一國兩制是基本法的概念，官員要擁護基本法所有條文。

模擬測試五

1. 根據《基本法》第六十八條，立法會的
   產生辦法根據香港特別行政區的_____
   和_____的原則而規定，最終達至全部
   議員由普選產生的目標。
   A 實際情況、循規漸矩
   B 實際情況、循序漸進
   C 人口情況、循規漸矩
   D 人口情況、循序漸進

2. 根據《基本法》附件二文件四，第五屆
   立法會共____名議員，其組成如下：功
   能團體選舉的議員____人，分區直接選
   舉的議員____人。
   A 60、30、30
   B 65、30、35
   C 65、35、30
   D 70、35、35

3. 根據《基本法》第十三條，中央人民政
   府負責管理與香港特別行政區有關的
   A 國防事務
   B 體育事務
   C 教育事務
   D 外交事務

4. 根據《基本法》第一百五十二條，香港
   特別行政區可以＿＿＿＿＿＿＿＿＿的名義參加
   不以國家為單位參加的國際組織和國
   際會議。

A 中國特區(香港)
B 中華香港
C 中國香港
D 香港特別行政區

5. 根據《基本法》第一百一十四條，香港
   特別行政區保持＿＿＿＿＿＿＿＿＿＿＿地位，除
   法律另有規定外，不徵收關稅。

A 免稅港
B 自由港
C 經濟特區
D 金融中心

6. 根據《基本法》第一百三十二條，凡涉
   及中華人民共和國其他地區同其他國
   家和地區的往返並經停香港特別行政
   區的航班，和涉及香港特別行政區同其
   他國家和地區的往返並經停中華人民
   共和國其他地區航班的民用航空運輸
   協定，由＿＿＿＿＿＿＿＿＿＿＿＿＿簽訂。

A 香港特別行政區
B 中央人民政府和英國政府
C 中央人民政府
D 中央人民政府和香港特別行政區

7. 根據《基本法》第一百一十一條，港元
   為香港特別行政區法定貨幣，繼續流
   通。港幣的發行權屬於香港特別行政區
   政府。港幣的發行須有＿＿＿＿＿＿＿的
   準備金。

A 充足

B 適當

C 百分之百

D 三分之二

8. 根據《基本法》第三十七條，香港居民
   的婚姻自由和＿＿＿＿＿＿＿的權利受
   法律保護。

A 自願生育

B 置業

C 投資股票

D 同居

9. 根據《基本法》第一百二十條，香港特
   別行政區成立以前已批出、決定、或續
   期的超越一九九七年六月三十日年期
   的所有土地契約和與土地契約有關的
   一切權利，均按香港特別行政區的法律
   ＿＿＿＿＿＿＿＿＿＿。

A 予以取消

B 予以修訂

C 繼續延長

D 繼續予以承認和保護

10. 根據《基本法》第三十九條，《公民權利和政治權利國際公約》、《經濟、社會與文化權利的國際公約》和國際勞工公約適用於香港的有關規定繼續有效，通過香港特別行政區的法律_____。

A 予以修訂
B 予以實施
C 予以改善
D 予以監察

11. 根據《基本法》第八十六條原在香港實行的陪審制度的原則_____。

A 予以保留
B 予以修訂
C 予以改善
D 予以廢除

12. 根據《基本法》第四條，香港特別行政區依法保障香港特別行政區居民和其他人的權利和_____。

A 財產
B 安全
C 自由
D 文化

13. 根據《基本法》第一百四十七條,香港特別行政區自行制定有關勞工的法律和_____。
A 保險制度
B 政策
C 最低工資
D 培訓

14. 根據《基本法》第十條,香港特別行政區的區徽,中間是五星花蕊的紫荊花,周圍寫有"中華人民共和國香港特別行政區"和英文"_____"。
A 中國香港
B 特別行政區
C 香港
D 香港特別行政區

15. 根據《基本法》第八十七條,任何人在被合法拘捕後,享有盡早接受司法機關公正審判的權利,未經司法機關判罪之前均_____。
A 可以假釋
B 不受刑責
C 受到保護
D 假定無罪

模擬測試五答案

1. B   2. D   3. D   4. C   5. B
6. C   7. C   8. A   9. D   10. B
11. A   12. C   13. B   14. C   15. D

註釋：

3. 《基本法》第十三條並無對國防作出任何聲明，而是《基本法》第十九條訂明香港特別行政區法院對國防、外交等國家行為無管轄權。

模擬測試六

1. 根據《基本法》第七十一條，香港特別
   行政區立法會主席是如何產生的？
   A 由立法會議員互選產生
   B 由行政長官委任
   C 由立法會最大政黨黨魁擔任
   D 由各政黨黨魁互選產生

2. 根據《基本法》第四十七條，香港特別
   行政區行政長官就任時應向香港特別
   行政區_____申報財產，記錄在案。
   A 審計處處長
   B 廉政公處處長
   C 終審法院首席法官
   D 立法會主席

3. 根據《基本法》第十二條，香港特別行
   政區是中華人民共和國的一個_____
   的地方行政區域，直轄於中央人民政
   府。
   A 享有自由
   B 享有自治權
   C 享有高度自由
   D 享有高度自治權

4. 《基本法》是根據中華人民共和國憲法第三十一條的規定，設立香港特別行政區，並按照一個國家，_____的方針制定的。

A 兩種法律
B 兩種語言
C 兩種制度
D 兩種角度

5. 根據《基本法》，香港特別行政區政府設有三司，下列哪項不是其中之一？

A 布政司
B 政務司
C 財政司
D 律政司

6. 根據《基本法》第十六條，香港特別行政區可依照基本法的有關規定自行處理香港特別行政區的_____。

A 財政事務
B 選舉事務
C 行政事務
D 立法事務

7. 根據《基本法》第一百五十四條，對世界各國或各地區的人入境、逗留和離境，_____可實行出入境管制。

A 中央人民政府

B 香港特別行政區政府

C 香港特別行政區行政長官

D 中央人民政府和香港特別行政區

8. 根據《基本法》第二十七條，_____享有言論、新聞、出版的自由，結社、集會、遊行、示威的自由，組織和參加工會、罷工的權利和自由。

A 中國公民

B 香港居民

C 香港永久性居民

D 香港非永久性居民

9. 根據《基本法》第一百一十五條，香港特別行政區實行_____政策，保障貨物、無形財產和資本的流動自由。

A 資本主義

B 保護貿易

C 自由貿易

D 社會主義

10. 根據《基本法》第六十九條,香港特別行政區立法會除第一屆任期為兩年外,每屆任期_____。

A 三年
B 四年
C 五年
D 六年

11. 根據《基本法》第一百四十四條,香港特別行政區政府保持原在香港實行的對教育、醫療衛生、文化、藝術、康樂、體育、社會福利、社會工作等方面的民間團體機構的資助政策。原在香港各資助機構任職的人員均可根據_____繼續受聘。

A 市場工資
B 原有制度
C 新訂合約
D 中英談判結果

12. 根據《基本法》第八十條,香港特別行政區各級法院是香港特別行政區的司法機關,行使香港特別行政區的_____。

A 執法權
B 立法權
C 審判權
D 施政權

13. 根據《基本法》第一百零二條，對退休
    或符合規定離職的公務人員,包括香港
    特別行政區成立前退休或符合規定離
    職的公務人員, 不論其所屬國籍或
    _____, 香港特別行政區政府按不低
    於原來的標準向他們或其家屬支付應
    得的退休金、酬金、津貼和福利費。

A 性別
B 膚色
C 年齡
D 居住地點

14. 根據《基本法》第五十四條,香港特別
    行政區行政會議的功能是:

A 監察行政長官
B 執行立法會的政策
C 執行行政長官的政策
D 協助行政長官決策

15. 根據《基本法》第二十一條,香港特別
    行政區居民中的_____依法參與
    國家事務的管理。

A 精英份子
B 永久性居民
C 中國公民
D 公務員和公職人員

模擬測試六答案

1. A	2. D	3. D	4. C	5. A
6. C	7. B	8. B	9. C	10. B
11. B	12. C	13. D	14. D	15. C

註釋：

4. 根據《基本法》序言所引述。

模擬測試七

1. 根據《基本法》第五十八條，審計署獨立工作，並
A 對立法會全體議員負責
B 對終審法院首席法官負責
C 對立法會主席負責
D 對行政長官負責

2. 根據《基本法》第七十三條，下列哪一項**不屬於**香港特別行政區立法會行使的職權？
A 批准稅收和公共開支
B 同意終審法院法官和高等法院首席法官的任免
C 接受香港居民申訴並作出處理
D 依照法定程序任免各級法院法官

3. 根據《基本法》第七十七條，香港特別行政區立法會議員在立法會的會議上發言，將受到以下保障：
A 不受法律追究
B 不受彈劾
C 不受民事追究
D 不受刑事追究

4. 根據《基本法》第二十三條，香港特別
   行政區應_____禁止任何叛國、分
   裂國家、煽動叛亂、顛覆中央人民政府
   及竊取國家機密的行為。

A 盡量

B 嚴厲

C 自行立法

D 連同中央政府

5. 根據《基本法》第三十四條，香港居民
   有進行學術研究、文學藝術創作和其他
   _____的自由。

A 娛樂活動

B 文化活動

C 文學活動

D 藝術活動

6. 根據《基本法》第一百五十條，香港特
   別行政區政府的代表，可作為中華人民
   共和國政府代表團的成員，參加由中央
   人民政府進行的同香港特別行政區直
   接有關的_____。

A 文化活動

B 軍事活動

C 外交談判

D 教育會議

7. 根據《基本法》第四十條，_____原居民的合法傳統權益受香港特別行政區的保護。

A 香港
B 港島
C 中國
D 新界

8. 根據《基本法》第四十二條，香港居民和在香港的_____有遵守香港特別行政區實行的法律的義務。

A 外國人
B 解放軍
C 中國公民
D 其他人

9. 根據《基本法》第三十條，除因公共安全和追查刑事犯罪的需要，由有關機關依照法律程序對通訊進行檢查外，任何部門或個人不得以任何理由侵犯居民的通訊自由和_____。

A 人身自由
B 移居自由
C 通訊秘密
D 旅行自由

10. 根據《基本法》第五十五條，香港特別行政區行政會議的成員由行政長官從行政機關的主要官員、立法會議員和社會人士中委任，其任免由_____決定。

A 高等法院首席法官

B 行政長官

C 終審法院首席法官

D 立法會主席

11. 根據《基本法》第八十八條，香港特別行政區法院的法官，根據當地法官和法律界及其他方面知名人士組成的獨立委員會推薦，由_____任命。

A 高等法院首席法官

B 行政長官

C 終審法院首席法官

D 立法會主席

12. 根據《基本法》第一百二十五條，香港特別行政區經中央人民政府授權繼續進行船舶登記，並根據香港特別行政區的法律以_____的名義頒發有關證件。

A 中國香港

B 香港

C 香港特別行政區

D 中國

13. 根據《基本法》第十九條，香港特別行政區對＿＿＿＿＿＿＿＿＿＿＿＿等行為無管轄權。
A 外交和司法
B 終審和外交
C 司法和終審
D 國防和外交

14. 根據《基本法》第九十四條，香港特別行政區政府可參照原在香港實行的辦法，作出有關當地和＿＿＿＿＿＿的律師在香港特別行政區工作和執業的規定。
A 中國
B 英國
C 外來
D 澳門

15. 根據《基本法》，下列哪項是不對的？
A 香港特別行政區保持財政獨立
B 香港特別行政區保持財政平衡
C 中央人民政府不在香港特別行政區徵稅
D 香港特別行政區的財政收入全部用於自身需要，不上繳中央人民政府

模擬測試七答案

1. D　　2. D　　3. A　　4. C　　5. B
6. C　　7. D　　8. D　　9. C　　10. B
11. B　　12. A　　13. D　　14. C　　15. B

註釋：

2. 依照法定程序任免各級法院法官是香
   港特別行政區行政長官的職權(《基本
   法》第四十八條)。

15. 《基本法》沒有要求香港特別行政區保
    持財政平衡(參看《基本法》第一百零
    六條)。

模擬測試八

1. 根據《基本法》第六十七條，香港特別行政區立法會由在外國無居留權的香港特別行政區永久性居民中的中國公民組成，_____。

A 並無例外
B 並最少佔百分之九十
C 並最少佔百分之八十
D 並最少佔百分之七十

2. 根據《基本法》第六十六條，香港特別行政區立法會是香港特別行政區的：

A 行政和立法機關
B 立法機關
C 行政機關
D 監察機關

3. 根據《基本法》第一百一十六條，香港特別行政區可以_____參加《關稅和貿易總協定》、關於國際紡織品貿易安排等有關國際組織。

A 有限度的
B 自由
C "香港"的名義
D "中國香港"的名義

4. 根據《基本法》第三十五條，香港居民
   有權對行政部門和行政人員的行為向
   _____。

A　律政師提起訴訟
B　審計處作出投訴
C　法院提起訴訟
D　行政長官作出投訴

5. 根據《基本法》第四十一條，香港居民
   以外的_____，在香港特別行政區
   境內依法享有本章規定的香港居民的
   權利和自由。

A　其他人
B　中國人
C　外國人
D　遊客

6. 根據《基本法》第一百一十九條，香港
   特別行政區政府制定適當政策，促進和
   協調某些行業的發展，並注意環境保
   護；下列哪項<u>不是</u>其中之一？

A　漁農業
B　製造業
C　運輸業
D　能源業

7. 根據《基本法》，應行政長官的要求召
開緊急立法會會議是誰的職權？

A 行政會議召集人
B 立法會主席
C 終審法院首席法官
D 審計處處長

8. 根據《基本法》第八十九條，香港特別
行政區終審法院的首席法官在無力履
行職責或行為不檢的情況下，行政長官
可任命不少於_____當地法官組成的
審議庭進行審議，並可根據其建議，依
照基本法規定的程序，予以免職。

A 三名
B 四名
C 五名
D 六名

9. 根據《基本法》第二十八條，香港居民
不受任意或非法逮捕、拘留、監禁。禁
止任意或非法搜查居民的身體、剝奪或
限制居民的人身自由。禁止對居民施行
酷刑、任意或非法剝奪居民的_____。

A 政治權利
B 言論自由
C 財產
D 生命

10. 根據《基本法》第一百三十八條，香港特別行政區政府自行制定發展中西醫藥和促進醫療衛生服務的政策。社會團體和私人可＿＿＿＿＿＿＿提供各種醫療衛生服務。

A　依法

B　自由

C　合資

D　收費

11. 根據《基本法》第三十八條，＿＿＿＿＿＿＿＿＿享有香港特別行政區法律保障的其他權利和自由。

A　中國公民

B　香港居民

C　香港永久性居民

D　香港非永久性居民

12. 根據《基本法》第一百四十六條，香港特別行政區從事社會服務的志願團體在＿＿＿＿＿＿＿＿＿＿＿＿的情況下可自行決定其服務方式。

A　中國政府容許

B　不抵觸法律

C　獲得香港警務處長發出不反對通知書

D　香港註冊

13. 根據《基本法》第九十一條，香港特別
行政區_____以外的其他司法人員
原有的任免制度繼續保持。

A 法官

B 首席法官

C 終審法院法官

D 高等法院或以上級別的法官

14. 根據《基本法》第四十三條，香港特別
行政區行政長官依照基本法的規定對
_____負責。

A 香港市民

B 香港特別行政區

C 中央人民政府

D 中央人民政府和香港特別行政區

15. 根據《基本法》第一百五十六條，香港
特別行政區可根據需要在外國設立官
方或_____的經濟和貿易機構，
報中央人民政府備案。

A 謀利

B 慈善

C 半官方

D 非謀利

模擬測試八答案

1. C	2. B	3. D	4. C	5. A
6. D	7. B	8. C	9. D	10. A
11. B	12. B	13. A	14. D	15. C

註釋：

1. 非中國籍的香港特別行政區永久性居民和在外國有居留權的香港特別行政區永久性居民也可以當選為香港特別行政區立法會議員，其所佔比例不得超過立法會全體議員的百分之二十。

模擬測試九

1. 根據《基本法》第四十五條，香港特別
   行政區行政長官是由＿＿＿＿＿＿＿＿＿＿任命。
   A 中央人民政府
   B 立法局
   C 終審法院首席法官
   D 行政會議

2. 根據《基本法》第九十二條，香港特別
   行政區的法官和其他司法人員，應根據
   其本人的司法和專業才能選用，並可從
   ＿＿＿＿＿＿＿＿＿＿＿＿＿＿＿＿＿＿聘用。
   A 中國
   B 英國
   C 其他普通法適用地區
   D 其他地區

3. 《基本法》第六十二條訂立香港特別行
   政區政府行使的職權，下列哪項不是其
   中之一？
   A 編制並提出財政預算、決算
   B 依照法定程序任免公職人員
   C 擬定並提出法案、議案、
   D 附屬法規辦理本法規定的中央人民政
     府授權的對外事務

4. 根據《基本法》第十五條，香港特別行
政區行政機關的主要官員由＿＿＿＿＿＿＿＿＿＿
依照基本法第四章的規定任命。

A 行政長官

B 國務院港澳事務辦公室

C 中央人民政府和香港特別行政區政府

D 中央人民政府

5. 根據《基本法》第一百六十條，在香港
原有法律下有效的文件、證件、契約和
權利義務，在＿＿＿＿＿＿＿＿＿＿＿＿＿＿＿＿＿＿＿的
前提下繼續有效，受香港特別行政區的
承認和保護。

A 行政長官批准

B 中央人民政府批准

C 不抵觸基本法

D 中英聯合聲明確認

6. 根據《基本法》第七十條，香港特別行
政區立法會如經行政長官依基本法規
定解散，須於＿＿＿＿＿＿＿＿內依基本法第六
十八條的規定，重行選舉產生。

A 一個月

B 三個月

C 六個月

D 該行政長官的任期

7. 根據《基本法》第五十二條，香港特別行政區行政長官如有下列情況之一者必須辭職，下列哪項<u>不是</u>其中之一？
A 因嚴重疾病或其他原因無力履行職務
B 喪失或放棄香港特別行政區永久性居民的身份
C 因立法會拒絕通過財政預算案或其他重要法案而解散立法會，重選的立法會繼續拒絕通過所爭議的原案。
D 因兩次拒絕簽署立法會通過的法案而解散立法會，重選的立法會仍以全體議員三分之二多數通過所爭議的原案，而行政長官仍拒絕簽署

8. 根據《基本法》第一百四十三條，民間體育團體可依法＿＿＿＿＿＿＿＿。
A 繼續存在和發展
B 註冊和訓練
C 經營
D 登記和參加比賽

9. 根據《基本法》第五十七條，廉政公署獨立工作，並＿＿＿＿＿＿＿＿。
A 對立法會全體議員負責
B 對終審法院首席法官負責
C 對立法會主席負責
D 對行政長官負責

10. 根據《基本法》第一百三十五條，香港特別行政區成立前在香港註冊並以香港為主要營業地的航空公司和與民用航空有關的行業，可_____。
A 繼續經營
B 在中國經營
C 申請繼續經營
D 在中國和香港經營

11. 根據《基本法》第五十一條，香港特別行政區立法會如拒絕批准政府提出的財政預算案，行政長官可向_____申請臨時撥款。
A 中央政府
B 立法會主席
C 立法會
D 行政會議

12. 根據《基本法》第八十條，香港特別行政區_____是香港特別行政區的司法機關，行使香港特別行政區的審判權。
A 終審法院
B 高等法院
C 律政司
D 各級法院

13. 根據《基本法》第一百二十七條，香港
特別行政區的私營航運及與航運有關
的企業和_____集裝箱碼頭，可繼續
自由經營。
A 非謀利
B 半官方
C 公營
D 私營

14. 根據《基本法》第九十七條，香港特別
行政區可設立_____的區域組
織，接受香港特別行政區政府就有關地
區管理和其他事務的諮詢，或負責提供
文化、康樂、環境衛生等服務。
A 非謀利
B 半官方
C 非政權性
D 官方性

15. 根據《基本法》第五十三條，香港特別
行政區行政長官短期不能履行職務
時，由下列官員依次臨時代理其職務：
A 政務司長、律政司長、財政司長
B 政務司長、財政司長、律政司長
C 律政司長、政務司長、財政司長
D 財政司長、政務司長、律政司長

模擬測試九答案

1. A   2. C   3. B   4. D   5. C
6. B   7. B   8. A   9. D   10. A
11. C   12. D   13. D   14. C   15. B

註釋：

3. 依照法定程序任免公職人員是香港特別行政區行政長官的職權(《基本法》第四十八條)。

模擬測試十

1. 根據《基本法》第五十五條，行政會議成員的任期應不超過＿＿＿＿＿＿＿＿＿。
A 該介立法會的任期
B 委任他的行政長官的任期
C 四年
D 五年

2. 根據《基本法》第七十九條，香港特別行政區立法會議員在某些情況下會喪失立法會議員的資格，下列哪項<u>不是</u>其中之一？
A 擁有外國居留權
B 破產或經法庭裁定償還債務而不履行
C 接受政府的委任而出任公務人員
D 因嚴重疾病或其他情況無力履行職務

3. 根據《基本法》第一百三十九條，香港特別行政區政府自行制定科學技術政策，以＿＿＿＿＿＿＿＿＿＿保護科學技術的研究成果、專利和發明創造。
A 外交
B 投資
C 法律
D 談判

4. 根據《基本法》第四十八條，香港特別
行政區行政長官提名並報請中央人民
政府任命下列主要官員：各司司長、副
司長，各局局長，廉政專員，審計署署
長，警務處處長，入境事務處處長，海
關關長；建議中央人民政府_____
上述官員職務。

A 提升
B 停在
C 調動
D 免除

5. 根據《基本法》第九十八條，區域組織
的職權和組成方法由_____規定。
A 行政長官
B 法律
C 中央人民政府
D 律政司

6. 根據《基本法》第十條，香港特別行政
區的區旗是_____。
A 三星花蕊的紫荊花紅旗
B 五星花蕊的紫荊花紅旗
C 三星花瓣的紫荊花紅旗
D 五星花瓣的紫荊花紅旗

7. 根據《基本法》第一百二十八條，香港
特別行政區政府應提供條件和採取措
施，以保持＿＿＿＿＿＿＿＿＿＿的地位。
A 香港的國際航空中心
B 香港的區域航空中心
C 香港的國際和區域航空中心
D 香港的國際和區域航宇中心

8. 根據《基本法》第一百零四條，香港特
別行政區行政長官、主要官員、行政會
議成員、立法會議員、各級法院法官和
其他司法人員在就職時必須依法宣誓
效忠＿＿＿＿＿＿＿＿＿＿＿＿＿＿。
A 中央人民政府
B 國務院港澳事務辦公室
C 中華人民共和國香港特別行政區
D 香港市民

9. 根據《基本法》第七十四條，香港特別
行政區立法會議員根據本法規定並依
照法定程序提出法律草案，凡涉及政府
政策者，在提出前必須＿＿＿＿＿＿＿。
A 得到立法會主席的書面同意
B 得到超過三分一立法會議員的同意
C 得到超過五分一立法會議員的同意
D 得到行政長官的書面同意

10. 根據《基本法》第四十九條，香港特別
行政區行政長官如認為立法會通過的
法案不符合香港特別行政區的整體利
益,可在三個月內將法案發回立法會重
議,立法會如以不少於全體議員三分之
二多數再次通過原案,行政長官必須在
_____內簽署公布或按基本法
第五十條的規定處理。

A 一星期
B 四星期
C 一個月
D 三個月

11. 根據《基本法》第一百三十條,香港特
別行政區自行負責民用航空的日常業
務和技術管理,包括_____。

A 機場管理
B 飛機維修
C 機師培訓
D 燃料配給

12. 根據《基本法》第三十二條,香港居民
有_____的自由。

A 宗教捐獻
B 宗教研究
C 宗教改革
D 宗教信仰

13. 根據《基本法》第五十三條，行政長官
    缺位時，應在＿＿＿＿＿＿＿＿＿依基本法
    第四十五條的規定產生新的行政長官。

A 一個月內

B 三個月內

C 六個月內

D 該屆立法會任期內

14. 根據《基本法》第一百四十五條，香港
    特別行政區政府在原有社會福利制度
    的基礎上，根據＿＿＿＿＿＿＿＿＿＿＿＿，
    自行制定其發展、改進的政策。

A 投資條件和國際需要

B 投資條件和社會需要

C 外匯儲備和經濟條件

D 經濟條件和社會需要

15. 根據《基本法》第六十一條，香港特別
    行政區的主要官員由在香港通常居住
    連續滿＿＿＿＿＿＿＿＿並在外國無居留權
    的香港特別行政區永久性居民中的中
    國公民擔任。

A 五年

B 十年

C 十五年

D 二十年

模擬測試十答案

1. B	2. A	3. C	4. D	5. B
6. B	7. C	8. C	9. D	10. C
11. A	12. D	13. C	14. D	15. C

註釋：

2. 在外國有居留權的香港特別行政區永久性居民也可以當選為香港特別行政區立法會議員(參考《基本法》第六十七條)。

總結

經過十個模擬測試後，你對《基本法》應該已經有一定的掌握，下面的"學習重點"和"答題技巧"能令你更輕鬆面對測試。

學習重點

在學習《基本法》的時候，要注意它的兩大重點，就是『一國兩制』和『五十年不變』。

第一個《基本法》的基本原則是『一國兩制』。基於一個國家的大前提，所有有關國防和外交的事情，都是由中央人民政府作主的，香港特別行政區政府並無管轄權(《基本法》第十九條)。

但另一方面，假如在中央人民政府授權下，香港特別行政區政府亦可以依照基本法自行處理有關的對外事務(《基本法》第十三條)。

例如第一百五十五條便訂明在中央人民政府協助或授權下，香港特別行政區政府可以與各國或各地區締結互免簽證協議。

而基於『一國兩制』的因素，香港特別行政區被賦予自行處理香港特別行政區的行政事務的權力(《基本法》第十六條)。

如果把上面的基本法原則伸延到其他方面的話，便可以幫助你記憶，例如：

第十四條,中央人民政府負責管理香港特別行政區的防務，駐軍費用由中央人民政府負擔。(國防由中央負責，駐軍費也由中央負責。)

第一百零六條，香港特別行政區的財政收入全部用於自身需要，不上繳中央人民政府。中央人民政府不在香港特別行政區徵稅。(一國兩制，各自在自己的制度內徵稅。)

第一百二十六條，除外國軍用船隻進入香港特別行政區須經中央人民政府特別許可外，其他船舶可根據香港特別行政區法律進出其港口。(外國軍用船隻進入香港牽涉國防，所以須經中央人民政府特別許可，而其他船舶則可以由香港特別行政區決定。)

而另一個基本原則是『五十年不變』。五十

年不變的意思就是要保證香港原有的法律、制度、生活方式等都不會在回歸後有所改變，或者是有所降低(如薪酬、福利等)。

因為這個原則,《基本法》內有很多條文都是要保證香港保留原有的東西，下面是其中幾個例子。

第八條：香港原有法律，即普通法、衡平法、條例、附屬立法和習慣法，除同本法相抵觸或經香港特別行政區的立法機關作出修改者外，予以保留。

第八十六條：原在香港實行的陪審制度的原則予以保留。

第九十三條：香港特別行政區成立前在香港任職的法官和其他司法人員均可留用，其年資予以保留，薪金、津貼、福利待遇和服務條件不低於原來的標準。

假如應用『一國兩制』和『五十年不變』的原則去學習《基本法》，我們就不難發現大部份的基本法條文都是圍繞著這兩大原則去寫的，這對我們背讀和理解方面便會事半功倍。

答題技巧

基本法測試的形式是選擇題，對於學習的人來說，選擇題並不陌生，也相對容易，但很多人還是會在考試的時候犯上不必要的錯誤。下面一些答題技巧可能會令你取得更好的成績：

不要過早作答

選擇題有四個選擇，但只有一個是正確的。很多考生因為要爭取時間，或是過於自信，一看見相似答案的選擇便把它填下去。例如考生覺得 A 選擇是正確的答案，便會在答案紙上選擇 A 作答案，而不去理會 B、C 和 D 的選擇。

但很多時候第一個看到的選擇看似正確，但可能下一個會更加適合，所以不應在沒有看完全部四個選擇之前作出選擇。

有足夠的時間作答

測試有十五條題目，要在二十分鐘內作答，也就是說平均每一分二十秒便要回答一條題目，可以說是分秒必爭。

考試時應該使用手錶或其它官方准許的計時器進入考場，以免花太多的時間在某一條問題上，而沒有足夠的時間回答全部十五條題目。

要注意的是，現代人很多時候都喜歡用手機作計時器，但考試場地是不容許使用手機的。

不要跳答問題

假如你有一條問題不懂得作答，很多人的自然反應是把它跳過，繼續作答下一題，待答完所有問題後再回頭作答那一題，但這樣做有幾個缺點。

第一，你可能忘記回頭作答。第二，你可能沒有足夠時間回頭作答。而最有可能亦是最差的情況就是你把答案推前了一題。

原因是選擇題的答案紙是給電腦掃描的表格，每一條問題都有小格子給作答用，四個選擇 A、B、C、D 都有相對應的小格子，考生把選擇的答案用鉛筆把相對應的小格子塗黑，假如你跳過一題，便有可能把下一題的答案錯誤地填在原來跳過的一題去。

舉例說，假如你不懂第五題，把它跳過，但在答第六題的時候，可能會將答案填到第五題的小格子上。最糟糕的是，以後的每一題的答案都會推前了一題，錯答在前一題的小格子上。

假如犯上這樣的錯誤，考生通常都不會立即發現，待發現後，可能已經沒有時間把錯的答案擦掉，再重新作答，那麼所有問題從第五題開始便答錯，因為它們根本不是你選擇的答案。

就算及時發現，有足夠的時間改正，也要確保你的膠擦的質量良好，可以把錯塗了的小格子全部清除，否則電腦掃描器便會把沒有完全清潔的小格子當作答案，也就是說把你的答題當成有兩個答案，因此變成錯誤。

遇上不懂回答的問題，正確的方是先選一個選擇(請參考下面如何從不懂的題目中選擇答案)，用鉛筆輕輕的塗上小格子上，放便改正、不會漏答、也不會使以後的答案推前了一題。在答完所有問題後，再回到這一題思考。

從不懂的題目中選擇答案

考生最不願碰到的情況，就是遇著不懂回答的問題，但這種情況卻是經常會發生。

假如不能確定某一條題目的答案，很多考

生都會碰碰運氣，隨意的挑選一個選擇作為答案。這樣做的好處是可以避免把問題漏答，避免犯上面所說的，把往後每一題的答案都會推前了一題的毛病。

隨意的挑選一個選擇作答案並不是最好的一個做法，雖然理論上每個選擇平均都有四分一的機會是正確的答案，亦即是說你隨意的挑選一個選擇作答案會有百分之二十五的成功機會，但這只是數學上的概率而已，實際情況卻有所出入。

根據實質的統計，當你在回答選擇題時，每個選擇都有不同的概率成為正確的答案，最大的原因是出題目的人往往喜歡，或不自覺地，把正確的答案放在最後的選擇，也就是 D 項。

根據不同的統計，A、B、C、D 四個選擇成為正確答案的概率依次序大約是：A-22%， B-24%， C-26%，D-28%。也就是說，選擇 D 項比選擇 A 項平均多出百分之六的機會答對問題。當然我們不會每次都選擇 D 項作為答案，但在不懂回答問題的情況下，這樣的做法可以把你答對題目的機會略為提高。

所以在遇著不懂回答的問題時，我們應該先把確認不對的選擇排除，再用以上的方法挑選答案。舉例說，你肯定 D 項不會是正確的答案，那麼你只會從 A、B 或 C 挑選一個做答案，按照概率，你應該選 C。

又或是，你肯定 C 和 D 項都不會是正確的答案，那麼你只會從 A 或 B 中挑選一個做答案，按照概率，你應該選 B。

簡單來說，就是從可能是答案的選擇中，依照 D、C、B 的次序去挑選，也就是說，除非你確認 A 是答案，否則你永遠也不應該挑選 A 作答。

『全書完』

www.ingramcontent.com/pod-product-compliance
Lightning Source LLC
Chambersburg PA
CBHW071656200326
41519CB00012BA/2536